学校课程变革新取向丛书　杨四耕 主编

协商性变革

基于集体审议的课程变革

徐德兵 等◎著

华东师范大学出版社
·上海·

图书在版编目(CIP)数据

协商性变革:基于集体审议的课程变革/徐德兵等著.—上海:华东师范大学出版社,2023
(学校课程变革新取向丛书)
ISBN 978-7-5760-3839-2

Ⅰ.①协… Ⅱ.①徐… Ⅲ.①课程改革-教学研究-小学 Ⅳ.①G622.3

中国国家版本馆CIP数据核字(2023)第130896号

学校课程变革新取向丛书
协商性变革:基于集体审议的课程变革

丛书主编 杨四耕
著　　者 徐德兵 等
责任编辑 刘　佳
项目编辑 林青荻
特约审读 富俊玲
责任校对 孙冰冰　时东明
装帧设计 卢晓红

出版发行 华东师范大学出版社
社　　址 上海市中山北路3663号 邮编 200062
网　　址 www.ecnupress.com.cn
电　　话 021-60821666 行政传真 021-62572105
客服电话 021-62865537 门市(邮购)电话 021-62869887
地　　址 上海市中山北路3663号华东师范大学校内先锋路口
网　　店 http://hdsdcbs.tmall.com

印 刷 者 上海展强印刷有限公司
开　　本 787毫米×1092毫米 1/16
印　　张 15
字　　数 141千字
版　　次 2023年9月第1版
印　　次 2023年9月第1次
书　　号 ISBN 978-7-5760-3839-2
定　　价 48.00元

出 版 人 王　焰

(如发现本版图书有印订质量问题,请寄回本社客服中心调换或电话021-62865537联系)

编委会

主　编：徐德兵
副主编：温丽华　罗国荣　龙顺媚
成　员：周燕聪　王玉凤　戴瑞传　林裕姗　赵传阳
　　　　封　波　钟永红　谢晓虹　李　玉　戴冬宁

丛书总序

如何面对复杂的情境脉络和实践场景,是课程研究绕不开的话题。学校课程变革在理念上应具有深刻的文化性,在目标上应具有鲜明的育人性,在内容上应具有鲜活的生成性,在实施上应具有方式的多维性。课程探究需要整合的方法论视角,要合理地解释和说明学校课程变革,实证的因果分析和诠释的人文理解都是不可或缺的。回到课程实践现场,扎根课程变革场景,是课程研究的智慧。

第一,场景的实在性与研究的主位性。学校课程变革场景具有实在性,其实在性是在诸多课程实践因素及其相互关联中实现的。因此,作为课程研究最直接的现场,场景无需进行抽象的本体论还原,研究者便可以进入主位研究状态,便可以从参与者角度去探讨课程实践及其内蕴的理论。所谓主位研究状态,按照人类学家马文·哈里斯的观点[1],就是以参与者的观念为基础,以课程实践者的描述和分析为标准,检验研究者的主位分析的恰当程度,主要是看研究者的专业意见在什么程度上能让实践者感觉有价值、能推动课程品质的提升。课程研究的目的不是从主位研究转换为客位研究,或是从客位研究转换为主位研究,而是实现这两种研究的互释。

第二,场景的整体性与研究的行动性。学校课程变革场景是特定行动所构成的具体情景,它从时空统一上整合了主体与客体、理论与经验、显性与隐性等要素,并通过它们的有序结构构筑了课程变革场景的整体意义。只有将课程研究放在具体实践场景之中考察,立足过程思维,秉持整体观照,才能凸显课程研究的实践立场。进入了课程所发生的场景,课程研究才有可能真正发生,才能够带来理论与实践共赢的整体效果。课程研究在本质上是一种反思性实践,是主动且持续地审视理论、信念和假设的过程,是对场景的整体性理解和行动性体认,其目的是理解实践、改进实践和提升实践。

第三,场景的情境性与研究的叙事性。学校课程变革场景具有鲜明的情境性,课程探究不能脱离具体的学校情境。为此,施瓦布曾提出旨在实现理论与实践融合的实践课程观,倡导课程开发与具体实践情境相联系。[2] 从研究方法角度来说,叙事研究

---

[1] (美)马文·哈里斯.文化唯物主义[M].张海洋,王曼萍,译.北京:华夏出版社,1989:37.
[2] 史学正,徐来群.施瓦布的课程理论述评[J].外国教育研究,2005(1):68—70.

是直面鲜活的课程变革的一种研究方式。通过叙事研究,课程研究能够摆脱概念体系的束缚,从而走向更具活力、更具情境适应性的方法论领域。任何一项课程研究,如果不能进入特定的课程场景,都是无法揭示课程行动的真实含义的。

第四,场景的问题性与研究的对话性。课程是一个永远都不会完美的存在,这预示着场景是具有问题结构的存在。面对特定场景,课程研究是问题牵引的,是参与性的,是田野的。课程研究必须直面真实问题,既关涉理论,又关涉实践,二者在互动中实现融合。在特定场景中,理论与实践是双向融通的,具有对话属性。

第五,场景的特定性与研究的扎根性。课程探究总是处于具体场景之中的,总是由特定时空所确证的,场景的特定性展现了课程研究的扎根性需求。法国社会学家布迪厄指出:实践与理论的一个重要差别就是实践具有紧迫性,行动者需要"把身体置于一个能够引起与其相关联的感情和思想的总体处境之中,置于身体的一种感应状态之中",迅速做出决策。[①] 在特定场景中,研究者以置身其中的姿态思考实践、言说实践、参与实践,洞察课程发生的情境与脉络,在课程现场中进行意见分享、经验概括和理论提炼。秉持扎根研究的态度就是要基于对课程实践的理解,建立适用于特定场景的意见或理论,并反哺课程实践本身。

总之,富有实践感的课程探究,在本体论层面,总是将课程研究主客体都视为在以行动事件或经验事实为核心的场景中互动关联的存在;在方法论层面,总是将现象的与意向的、情境的与规律的等说明与解释都整合到特定场景之中,融合各种方法论的优势解决课程实践问题。

"学校课程变革新取向丛书"彰显了这样一个道理:课程研究的重点是深刻理解特定情境和条件下的课程实践本身,而不是理论推导和逻辑演绎。课程研究并不神秘,我们每一个人都是局内人,每一所学校、每一位教师都是课程研究者和创造者。

杨四耕

2023 年 1 月 15 日于上海市教育科学研究院

[①] (法)皮埃尔·布迪厄.实践感[M].蒋梓骅,译.南京:译林出版社,2012:98.

目　录

前言　在协商中推进学校课程变革　　　　　　　　　　1

第一章　童味语文：在语言学习中建构精神大厦　　　　1

　　海德格尔说："语言是存在之家。"语文应当成为儿童的生命存在，语文要引领儿童的精神成长，涵养诗意的灵性，培育哲学的慧眼，锻造闳大的襟怀，培养慎终追远的信念，种植读书的种子。"童味语文"就是面向儿童、亲近儿童、尊重儿童、发现儿童的语文。儿童有儿童的感动，儿童有儿童的诠释，儿童有儿童的情怀，儿童有儿童的梦想。语文要把儿童的思想融入其中，让童声、童心、童趣精彩呈现。

　　　第一节　面向儿童的语文　　　　　　　　　　3
　　　第二节　建构儿童的精神大厦　　　　　　　　7
　　　第三节　在诗情画意中流淌隽永的情愫　　　　13
　　　第四节　过充满儿童味的语文生活　　　　　　24

第二章　智慧数学：让儿童走进富含智性的数学世界　　35

　　数学是科学，要让儿童拥有科学素养、理性精神。数学是艺术，要让儿童拥有对数学丰富的体验，让数学之美在童年记忆中刻骨铭心——严谨的科学美、辩证的哲理美、神奇的规律美、绝妙的逻辑美、简洁的形式美、一目了然的直观美……进而唤起儿童对数学学习的信心与美好的期待。让儿童以简单、科学的方式走近数学，爱上数学，让儿童满怀信心地走进一个富含智性的数学世界。

　　　第一节　孕育儿童智慧的数学　　　　　　　　37

|　第二节　发展儿童的数学素养　　　　　　　　　　　　　　　41
|　第三节　全面感悟数学的独特魅力　　　　　　　　　　　　47
|　第四节　充满智性的数学生活　　　　　　　　　　　　　　62

第三章　童乐英语：让儿童走进欢乐的英语世界　　　　　　75

　　小学是英语学习的启蒙阶段。这个阶段的孩子正处于听觉、视觉、动觉等感官的敏感期，生性活泼，充满求知欲和好奇心，是培养英语学习兴趣的最佳时期。"童乐英语"是富有乐趣的英语，是生动的英语，是快乐的英语。"童乐英语"结合节奏感十足的英语童谣，采用充满趣味的游戏以及教学方式，营造轻松快乐的氛围，提升孩子的英语语言能力，滋养孩童纯真的心灵，让英语学习变得乐趣盎然，让孩子快乐学习、健康成长。

|　第一节　乐趣盎然的英语　　　　　　　　　　　　　　　　77
|　第二节　在英语学习中充盈与成长　　　　　　　　　　　　80
|　第三节　丰富多彩的英语　　　　　　　　　　　　　　　　87
|　第四节　在欢乐学习中快乐成长　　　　　　　　　　　　　94

第四章　童趣体育：让儿童感受体育的快乐　　　　　　　　105

　　体育课程是以身体练习为主要手段，通过科学的体育教育和体育锻炼方法，培养学生掌握必要的体育与健康知识、技能和方法，养成体育锻炼习惯和健康的生活习惯。"童趣体育"就是健康、快乐、终身的多元体育，在这里每个孩子都能找到展示自己的舞台，每个孩子都能健康快乐地成长。体育让孩子们回归童真，让童年生活多姿多彩，让童心飞扬,童年绽放。

第一节	种下身心健康的种子	107
第二节	全面发展学生体育核心素养	109
第三节	与"趣"为伴,与"动"为伍	116
第四节	缤纷多彩的体育文化生活	123
第五节	体育学科管理	133

第五章 唯美音乐:引领孩子走进唯美的音乐世界 137

古往今来,音乐作为人类文化的一种重要形态和载体,蕴含着丰富的文化背景和历史内涵,以其独特的艺术魅力伴随人类历史的发展。音乐是世界上"最美"的语言,每个孩子心中都有一颗美的种子。"唯美音乐"引领孩子学会用心灵去感受和发现美,走进唯美的音乐世界,让美的种子能发芽、长大,向着阳光自信成长。

第一节	以"美"育人的音乐	139
第二节	曼妙的音乐,奏响童年的乐章	142
第三节	用跃动的音符守护孩子心灵的净土	149
第四节	拥抱美好的音乐生活	156

第六章 童真美术:走进纯真无瑕的艺术殿堂 167

美术课程以对视觉形象的感知、理解和创造为特征,能够激发想象,培养学生的审美和创造能力,开发学生的智力,发展学生的创造才能,促进学生的身心发展,帮助其形成健全的人格,是学校进行美育的主要途径。"童真美术"是有趣的美感教育课程,它引导孩子回归自然,追溯本源,探索和发现生活中的真善美,并在审美教育活动中学会用美术的方式表现和创造美,在美术活动中走进纯真无瑕的艺术殿堂。

第一节	用最真的画笔描绘最质朴的情感	169
第二节	审美与表现力的高度统一	171
第三节	在求真与创新中碰撞出绚烂的火花	176
第四节	趣艺相融的多元艺术生活	184

第七章 童融科学：运用融合之道解决身边的科学问题   199

艾伦·雷普克提出："跨学科研究是回答问题、解决问题、处理问题的进程，这些问题太宽泛、太复杂，靠单门学科不足以解决；它以学科为依，以整合其见解、构建更全面认识为目的。"科学课程的核心价值是培养科学思维以解决生活中遇到的一些问题。科学问题源于自然，源于身边的现象。把儿童学习到的零碎知识与机械过程转变成一个探究世界、相互联系的过程，需要不同领域的知识相互支撑、补充与融合。合理运用跨学科、跨领域知识的融合能培养儿童各方面的知识和技能，实现更深层次的学习，儿童的综合素养才能得到真正的发展和提高。

第一节	科学是探究世界的工具	201
第二节	提高解决科学问题的能力	204
第三节	交互和融合绽放科学魅力	206
第四节	科学是有趣而多元的活动	212

后　记   220

前　言

在协商中推进学校课程变革

2001年6月,教育部印发《基础教育课程改革纲要》,启动新一轮课程改革,提出"调整和改革基础教育的课程体系、结构、内容,构建符合素质教育要求的新的基础教育课程体系","实行国家、地方和学校三级课程管理","学校在执行国家课程和地方课程的同时,应视当地社会、经济发展的具体情况,结合本校的传统和优势、学生的兴趣和需要,开发或选用适合本校的课程",将体现国家意志的课程由集中统一管理逐步向地方和学校分权,赋予学校更多的课程管理与建设的权限,其目的是"增强课程对地方、学校及学生的适应性"[①]。一些学校为满足学生的个性发展需要,促进教师专业化发展,创建特色品牌学校,纷纷开发具有学校特色的校本课程。

2014年3月,教育部《关于全面深化课程改革　落实立德树人根本任务的意见》印发,明确将组织研究提出各学段学生发展核心素养体系,明确学生应具备的适应终身发展和社会发展需要的必备品格和关键能力。为促进学生发展核心素养培养的落实,许多学校纷纷探索建设具有学校特色的课程体系。广州科学城实验小学在建设具有本校特色的课程体系过程中,注意挖掘学校、社区等教育教学资源,尊重教师在课程建设中的自主性和创造性,聘请专家对学校课程建设进行指导,征求学生对课程开设的意见,邀请学生家长对课程实施情况进行评议,在集体审议中开展学校课程建设,推进了课程的协商性变革。

一、协商:课程权利的平衡

课程作为学校教育的核心要素,决定了培养什么样的人和怎样培养人。传统的课程表达的主要是国家培养目标,体现了国家意志。教师和学生并不是课程的主角,教

---

① 基础教育课程改革纲要(试行)[J].云南教育(视界综合版),2009(03):7—9.

师行使传递的职责,学生更多的是接受,很少反思、批判、创新①。20世纪70年代,面对全球范围内文化、经济及生态等方面的挑战,澳大利亚的布莫和库克等学者认为,教育作为应对挑战的主要手段之一,必须超越传统方法所支配的学习方式,培养学生批判的、探究的、灵活的思维能力,实现这一目标则要求一种全新的、民主的课堂学习模式,即协商课程②。协商课程倡导者认为,协商课程赋予了老师和学生课程与学习协商者的权利和地位,是培养学生批判、探究和灵活思维能力的有效途径。在库克看来,协商的关键在于人们倾向于对那些自己希望得到的东西尽最大的努力,或者努力保持和维护自己已经拥有的东西③。

李宝庆认为协商课程在课程建设理论上有四个重要突破④:一是协商课程超越了静态的课程本质观,倡导动态的课程本质观。课程不是简单的无弹性的课程计划、单一的课程目标、严格的课程实施和标准化的考试,而是由师生共同创生的一系列事件,是师生开放的、动态的、生成的生命体验,是一个焕发出勃勃生机的生命活动和反思的过程。二是协商课程超越技术理性,倡导交往理性。技术理性强调围绕目标达成的控制和效率,并主张一种确定性、普适性和控制性的教育模式,使得以控制为特征的课程文化渗透到课程的每个方面,形成了一个稳固的系统。交往理性重视主体之间的平等对话和协商,让事物在对话、协商与反思中生成新的意义,赋予师生以课程权力,让师生共同制订课程方案,解放师生的主体性和创造性,达成教育的育人价值。三是协商课程超越课程与教学的二元对立,倡导课程与教学的一体化。协商课程认为课程不再是客观化的知识体系和标准化的教材,而是教师与学生进行协商学习的对象和内容,是师生共同探索新知识的过程,即教学和学习展开的历程:教学成为创生课程事件的过程,即课程开发的过程;学习成为建构知识与人格的过程,即教学交往的过程。这样,教师、学生和课程构成了一个不可分割的整体,师生在共同的交往活动中创造着课程。四是协商课程超越本质主义思维方式,倡导生成性思维方式。本质主义认为事物的运动过程只是本质流动,从根本上来讲,无论过去、现在还是将来,都没有发生根本的变化,只要抓住事物的本质就可以把复杂的问题进行简单化的处理。反映在课程建

---

① 赵颖,郝德永.协商课程与学习:民主课堂的蕴含与路径[J].教育科学,2005(01):20—22.
② 赵颖,郝德永.协商课程与学习:民主课堂的蕴含与路径[J].教育科学,2005(01):20—22.
③ 李海英.课程权力:协商课程的一种追求[J].全球教育展望,2005,34(09):47—50.
④ 李宝庆.协商课程研究[D].西南大学,2006:52—57.

设上,就是追求普适性的模式、大一统的操作系统,而忽略了教育实践的丰富性和差异性。生成性思维方式将人置于课程的中心,认为教师和学生都是独特的个体,课程是由教师和学生围绕学习对象互动而创生的,对学生具有真实意义的课程是在具体的教学情境中通过师生互动建构而实现的,从而使学生的创造潜能得以不断被唤醒和激发。李宝庆所指出的协商课程在课程建设理论上的四个重要突破,其核心在于赋予师生课程权力,解放师生的主体性和创造性,在师生的交往互动中创生课程,形成开放的、动态的生命体验,实现教育的育人价值。

协商课程在实施中反对促动学习而强调协商学习,将教师作为反思性实践者,强调学生参与课程发展[1]。布莫将传统的学习模式称为促动学习,他反对促动学习,倡导协商学习。在促动学习模式中,教师基于既定目标,根据以往经验和现有条件对课程方案进行计划并实施,学生的一切活动都在教学目标调控下进行。协商学习是指师生通过对话、协商,共同做出有关学习的决定,确定学习的目标、内容、策略和评价方式等,其目的在于使学生成为主动、高效的学习者,改变过去在学习过程中被动、受强制的状态。布莫将协商学习过程分成5个阶段,依次为设计教学单元、与学生协商、教和学、学习结果的展示、评价。在促动学习中,不仅学生是被动的受控者,教师也受制于现有的目标和方案。在协商学习中,教师的主要作用是在学生需要的时候给予指导和提供必要的信息,由指挥者变为协商者,改变了教师以往的主导地位。

教师成为反思性实践者。课程实施前,教师通过思考制定课程计划,构建出自己理解的课程;在课程实施过程中,教师根据学生的学习状况及时反思,调控教学进程,必要时调整教学计划;课程实施后,教师重新反思教学过程,总结成败得失,为进一步的教学提供依据和参考。教师作为反思性的实践者,其课程实施的过程就是与学生互动生成课程的过程,教师通过反思不断改进课程实践,由传统的课程执行者向课程决策者转变,促进自身的专业成长。

学生参与课程发展。协商课程理论认为,只有当儿童理解并接受学习计划,课程内容与学生想要学习的知识相吻合时,其学习的积极性才会最高,学习的动力才会最强。协商课程鼓励学生主动地参与课程与学习计划的制定,包括选择学习内容与材料,参与学习目标确定,准备学习资源,安排学习活动方式和顺序等。在课程实施过程

---

[1] 李宝庆,靳玉乐.协商课程评介[J].教育学报,2006(03):37—41+54.

中,学生作为学习活动的主体,通过与教师、环境和知识内容的互动,由课程的接受者转变为课程的参与者和创生者。在协商课程中,学生参与课程发展,分别赋予了教师和学生更多的课程决策权和参与权。

从上述内容可以看出,协商课程的核心是赋予师生课程权利,将教师和学生置于课程中心的位置;课程的实施不再仅仅是既有目标的达成,而是以师生的共同发展为目标,激发学生的潜能,释放学生的主体性与创造性,促进师生的和谐发展;教师和学生不再仅仅是课程的执行者和接受者,而是课程的创生者——师生在互动中创生课程,而不再是机械地执行专家编写好的课程文本与计划,由专家课程走向教师课程与学生课程。在协商课程提倡者的观念里,教师扮演着学习的促进者、更有经验的课程编制者、倾听者、合作者等角色,但贯穿始终的是反思的实践者。学生是学习者、理解者、质疑者、反思者,学生的知识和经验已经成为课程的重要组成部分,学生成为课程参与者和创造者。

随着2001年新一轮课程改革的推进,我国基础教育领域的学者也开始关注课程建设相关理论及研究,协商课程理论也对我国的课程理论产生影响。如吴刚平对校本课程的开发进行了比较系统的研究[1],认为校本课程开发旨在尊重学校师生的独特性和差异性,是一个民主开放的课程决策过程,需要校长、教师、课程专家、学生以及家长和社区人士共同参与;校本课程要体现学校明确而独特的教育哲学观和办学宗旨,课程资源要根据学校教育哲学、学习理论和教学理论进行筛选;校本课程开发的资源包括素材性资源和条件性资源两大类,教师是最重要的课程资源,要特别重视在教学过程中动态生成的课程资源,充分挖掘和有效利用校内课程资源,建立校内外课程资源的协调和共享机制。显然,中国学者的研究不仅强调由校长、教师、课程专家、学生、家长、社区人士共同参与学校课程计划的制定、实施和评价活动,发挥教师在课程建设中的主动性、创造性和决策权,还关注学生的生活经验和发展需要,让学生参与课程的建设,特别提出要以学校为基地进行课程开发,体现学校明确而独特的教育哲学观和办学宗旨,形成学校特色,促进特色育人。

综上所述,我们认为,协商意味着沟通,意味着共同参与,协调课程意味着课程权力的分享与平衡;将课程决策的权力进一步赋予教师和学生,学校行政管理人员和教

---

[1] 吴刚平.校本课程开发的定性思考[J].课程·教材·教法,2000(07):1—5.

师、课程专家、学生、家长、社区人士等组成团队，集体协商，共同参与学校课程计划的制定、实施和评价活动，实现课程权力的平衡，进一步增强课程的适应性，促进学生的发展。课程作为学校教育的核心要素，不仅要完成国家培养目标，还要体现学校办学特色，尊重教师和学生的课程权力。在学校课程体系建设中，首先要落实国家培养目标，立德树人，培养德智体美劳全面发展的社会建设者和接班人。教育活动总是在一定的背景和情境中进行的，它们制约着教育活动的实施，学校是教育活动最大的和最重要的背景和情境，学校办学理念是学校资源的最集中体现，要充分利用好学校资源，学校课程建设必然基于办学理念。学校课程最终要通过人实施，目标是培养人，教师和学生是课程建设最具有活力的要素，是课程的核心，必须赋予其课程的决策权。但尊重教师的课程决策权和学生的发展需要，并不意味着教师的课程权力失去限制，学校课程建设仍然要基于国家课程目标和学校办学理念，促进国家课程目标的达成和学校教育特色的形成。在学校课程建设中如何保障国家意志、学校办学理念和师生课程权力三者之间的协调与均衡呢？我们认为，组建由学校行政管理人员、教师、课程专家、学生、家长、社区人士等组成的团队，集体协商，共同参与学校课程计划的制定、实施和评价活动，是保障课程的国家目标、学校教育哲学和师生课程权力均衡落实的有效途径。落实国家课程培养目标是课程协商的方向和前提，体现学校办学理念、形成特色课程是课程协商的追求，而尊重师生的课程权力、激发师生的生命活力是课程协商有效开展的保障。

二、基于集体审议的课程变革

当前的教育改革赋予了学校一定的课程决策权，使得学校在达成国家课程目标的前提下，可以根据自身的教育哲学和办学理念进行课程建设，开设特色课程，促进学校教育特色的形成。学校课程建设要基于国家课程目标和学校教育哲学预设课程，在师生的互动中生成课程，将教师和学生置于课程的中心，由专家课程走向教师课程和学生课程，促进师生的生命成长。学校课程是基于预设的生成，如何处理好课程预设与生成的关系，提高课程建设的质量呢？

近年来，广州科学城实验小学充分发挥学校行政团队、课程专家、教师、学生、家长和社区人士的作用，特别重视发挥学校在课程建设中的宏观决策与引领作用，发挥教师和学生在课程建设中的积极性和创造性,共同参与学校课程计划的制定、实施和评价活动,通过集体审议研制学校课程建设规划和学科课程建设方案,实现了课程的协商性变革,建设具有学校特色的课程体系,使课程更好地适应学生的发展需要。

1. 协商确定学科课程理念

学科课程理念基于学科价值观。学校各学科组教师认真学习学科教育理念,研究学科课程标准,明确学科价值,形成学科价值观,并基于学科价值观协商确定学科的课程理念。如数学科组通过学习研究,认为数学是研究数量关系和空间形式的科学,是一种智慧,是人类文化的重要组成部分,数学素养是现代社会每一个公民应该具备的基本素养。由此提出的"智慧数学"学科课程理念,主张面向全体学生,适应学生个性发展的需要,让学生动手操作,通过外部的物化活动促进儿童内部言语活动的展开,积累数学活动经验,发展思维能力,逐步形成生活智慧、思维智慧、符号智慧和看待世界的智慧,使得人人都能获得良好的数学教育,不同的人在数学上得到不同的发展。

2. 协商制定学科课程目标

根据学科课程理念,各学科组认真研究学科课程标准,提出本学科的课程总体目标和年级单元目标。为保障学科课程理念的落实,在年级单元课程目标中,在明确基于课程标准的"共同目标"基础上,还要提出"校本要求"。

如语文学科在一年级下学期第三单元的课程目标中,"共同目标"为:

① 通过联系上下文了解词语意思;

② 学会积累和运用词语,使句子更生动形象;

③ 重点练习读好角色对话,可联系生活实际想象体会,读出自己的感受。

"校本要求"为:本单元课文充满人情味儿,学生通过学习课文,丰富情感体验,初步认识到友谊的重要性以及语言文字表情达意的功能。

这样,既落实了国家课程目标,也落实了学校确定的学科课程理念,逐步形成学校课程特色。

3. 协商确定学科课程结构和内容

基于课程理念和目标,各学科组在研究课程标准的基础上,确定本学科的课程结构,开发学科拓展延伸课程,建设特色学科。如科学科组根据课程标准确定的"物质科学""生命科学""地球与宇宙科学""技术与工程"四个内容领域,将学校科学课程分为"童融物质""童融生命""童融宇宙""童融工程"四大板块,并以基础课程为核心,开发学科拓展延伸课程,形成课程群。学科拓展延伸课程一般由学科组统筹,经过整体规划论证后,由各年级备课组具体负责,分工合作,完成课程的开发。也可由教师个人根据本班学生的教学实际,提出申请,经学校课程领导小组组织相关人员论证后,自行设计,开发校本课程并实施。如语文学科就开发了书法、美文诵读、诗词赏析等多个校本课程,形成了语文学科特色。

4. 协商制定课堂评价标准

课堂是课程实施的主渠道,是学生成长的重要活动空间。各学科组通过协商,集体研究确定本学科课堂评价标准。研究学科课堂评价标准要关注两个方面的内容:一是是否符合儿童成长规律,是否能够促进儿童的个性发展。要关注儿童的生命成长,开启儿童的生命智慧,激励儿童主动学习,引导儿童探究学习、合作学习。二是是否充分挖掘了学科的育人价值,是否体现了学科课程理念,如数学学科关注是否培养了儿童的思维能力,音乐学科关注是否给了儿童美的熏陶,科学学科关注是否给了儿童科学精神的启蒙。通过学科课堂评价标准的制定和实施,发挥评价的激励和导向作用,能够让教师更深入地理解学科课程理念,提升专业素养,丰富课堂经验,实现教学相长。

5. 协商成立学科工作坊和学科社团

学科工作坊和学科社团是教师和学生开展学习研究的群体组织,推动了学校课程的开发与实施。

学科工作坊是由骨干教师牵头,引领年轻教师和学生中的数学爱好者形成的学习共同体。老师在学科教学活动中对学生进行观察、测试,筛选出部分优秀学生,组成研究小组,一般每个小组由2名骨干教师和10名学生组成,在固定活动时间开展研究活动。各个小组通过协商设置研究专题,围绕专题开展学习、阅读,制定研究方案并开展研究。研究结束后,小组将研究成果通过专题报告、文化墙等形式展示出来,并邀请老师和同学们对研究成果进行评价。

学科社团根据学生的爱好和兴趣组建。各学科还提供丰富的选修课程,满足学生对学科学习的兴趣爱好,并在此基础上组建学科社团。开学初,学校"校本课程委员会"和学科工作坊的老师通过集体协商确定选修内容,选定本学期的社团课程,在校园微官网上发布,学生通过校园微官网选课报名,以尊重学生为前提,经过各方面协调,确定社团的任课教师以及学生名单。各学科还制定了社团活动评价标准,评价方式灵活多样,有记录活动过程中学生各方面表现的量化评价表,还有对学生参与社团活动情况的问卷调查,借此了解学生对社团活动的期望,便于教师把握社团后期发展方向。学科社团活动激发了学生的学习兴趣,陶冶了情操、磨炼了意志、增进了同学间的友谊。

6. 协商组织学科节日活动

各学科组根据本学科特点,组织学科节日活动,营造学科学习文化氛围。如数学科组利用3月14日"国际数学节"开展学校数学节活动,弘扬传统数学文化,介绍趣味数学知识,组织数学竞赛活动,激发学生学习数学的兴趣。学科组还开展学科实践活动,带领学生走出教室,走进生活,了解本学科知识在实际生活中的运用,利用所学知识解决生活中的问题,提高学生的实践能力和创新意识。科学科组根据各年级学生的年龄特征组织开展科技节活动,一年级以科普知识为主,活动有科普知识讲座、知识竞赛等;二年级以班级为单位组织科学主题探究活动;三年级组织师生进行野外植物观察技能学习活动;四年级组织航空模型竞赛活动及野外观察技能竞赛(观鸟)活动;五年级组织环保摄影评比活动和天文知识竞赛;六年级组织学生参加各级无线电测向竞赛活动。科技节活动开拓了孩子们的视野,提高了他们对问题的探索能力,增强了学校师生积极主动运用多学科知识解决实际问题的能力,让孩子们在浓厚的科学氛围中尽情享受科学技术带来的乐趣,寓教于乐。

7. 协商开展社会实践活动

学校组织儿童走进社会,走进大自然,走进优秀的中华传统文化,拓展儿童的生活世界,开阔儿童的视野。一是开展节日主题教育活动。结合春节、元宵节、清明节、端午节、中秋节、重阳节等传统节日开展主题教育活动,传承和弘扬中华优秀文化;结合国庆节、建军节等重大节日开展主题教育活动,培养学生的爱国主义思想;结合儿童节、教师节、妇女节等节日开展主题教育活动,培养学生尊敬长辈、孝敬父母的美好品德;结合植树节、粮食日、世界水日等节日开展主题教育活动,培养学生的社会责任意识。二是开展仪式教育拓展活动。学校组织开展升旗仪式、入队仪式、入学礼、毕业礼等活动,通过庄重、严肃的仪式活动,让学生的装束、姿态、言语、形体等得到规范和提升,情感得到升华,责任感得到增强。三是开展社会实践拓展活动。学校每年都组织学生开展综合实践活动,体验农耕、陶瓷制作、手工制作等活动。在校园内设置劳动基地,各班级在劳动基地开展种植实践,培养学生的劳动意识和实践能力。

几年来,广州科学城实验小学基于国家课程方案和学校办学理念,积极推进学校课程建设,将师生置于课程建设的中心,充分发挥学校行政团队、课程专家、家长和社区人士的作用,共同参与学校课程计划的制定、实施和评价活动,通过集体审议研制学校课程建设规划和学科课程建设方案,建设具有学校特色的课程体系,使课程更好地适应学生发展需要,推进了课程的协商性变革。本书介绍了学校在学科课程建设中如何通过协商和集体评议,研究确定学科课程理念、结构、目标和内容,以及如何通过协商研究制定课堂评价标准、组织学科社团、开展学科节日活动及学科综合实践活动推进协商课程的落实。本书共分七章,前言部分从整体上介绍了学校通过集体评议开展协商课程建设的思考和做法,然后分七章分别介绍了语文、数学、英语、体育、音乐、美术和科学各学科开展协商课程建设的实践。

第一章
童味语文：在语言学习中建构精神大厦

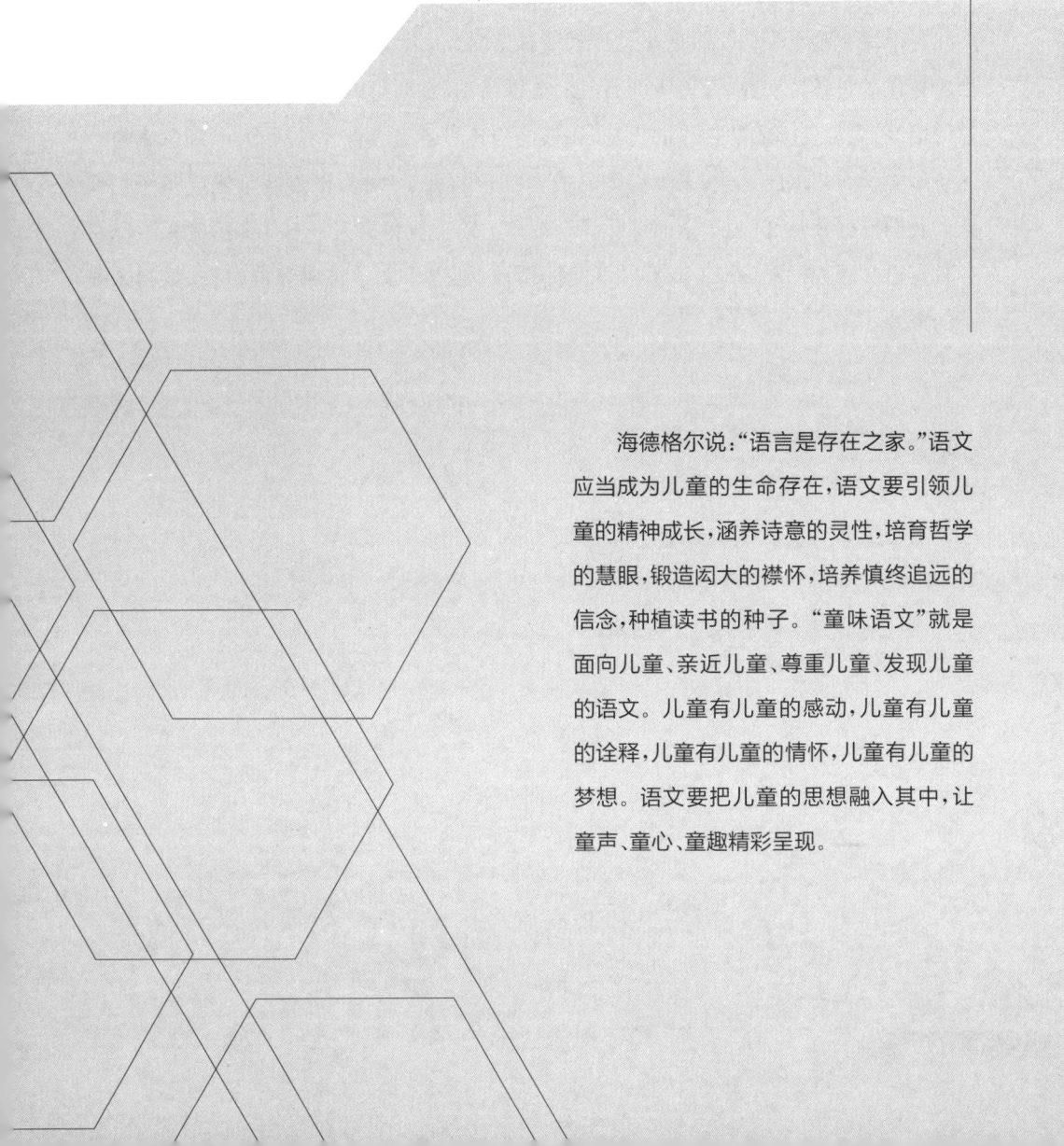

海德格尔说："语言是存在之家。"语文应当成为儿童的生命存在，语文要引领儿童的精神成长，涵养诗意的灵性，培育哲学的慧眼，锻造阔大的襟怀，培养慎终追远的信念，种植读书的种子。"童味语文"就是面向儿童、亲近儿童、尊重儿童、发现儿童的语文。儿童有儿童的感动，儿童有儿童的诠释，儿童有儿童的情怀，儿童有儿童的梦想。语文要把儿童的思想融入其中，让童声、童心、童趣精彩呈现。

广州科学城实验小学语文科组,现有教师28人,其中中小学高级教师1人,中小学一级教师12人,中小学二级教师4人,未评职称11人,学科队伍年轻、蓬勃、向上。广州科学城实验小学语文教研组,秉承"童味语文,润化童心"的语文课程理念,以教研组为单位进行教学研究,开展听课、评课、磨课活动,定期组织教学演讲、教师基本功展评等活动,充分发挥团队合作的力量,积极参与各级各类教育教学活动,不断探索符合儿童语文学习需求的课堂,老师们均形成了一定的教学风格,课堂教学深受孩子们喜爱。我们依据教育部《关于全面深化课程改革 落实立德树人根本任务的意见》及《义务教育语文课程标准(2022年版)》等文件精神,推进语文学科课程群建设,取得了显著的成效。

第一节　面向儿童的语文

一、学科价值观

《义务教育语文课程标准(2022年版)》指出:"语文课程是一门学习国家通用语言文字运用的综合性、实践性课程。工具性与人文性的统一,是语文课程的基本特点。语文课程应引导学生热爱国家通用语言文字,在真实的语言运用情境中,通过积极的语言实践,积累语言经验,体会语言文字的特点和运用规律,培养语言文字运用能力;同时,发展思维能力,提升思维品质,形成自觉的审美意识,培养高雅的审美情趣,积淀丰厚的文化底蕴,继承和弘扬中华优秀传统文化、革命文化、社会主义先进文化,增强对习近平新时代中国特色社会主义思想的理解和认识,全面提升核心素养[1]。"

语文是最重要的交际工具,是人类文化的重要组成部分。工具性与人文性的统一,是语文课程的基本特点。海德格尔说:"语言是存在之家"。语文课堂要引领孩子的精神成长,涵养诗意的灵性,培育哲学的慧眼,锻造闳大的襟怀,培养慎终追远的信念,种植读书的种子。

语文课程应致力于学生语文素养的形成与发展。语文素养是学生学好其他课程的基础,也是学生全面发展和终身发展的基础。语文课程的多重功能和奠基作用,决定了它在九年义务教育阶段的重要地位。

语文课程应培育学生热爱祖国语言的思想感情,指导学生正确地理解和运用祖国语言,丰富语言的积累,培养语感,发展思维,使他们具有适应实际需要的识字与写字能力、阅读与鉴赏能力、表达与交流能力、梳理与探究能力。语文课程还应重视提高学生的品德修养和审美情趣,使他们逐步形成良好的个性和健全的人格。

依托语文课程的建设,将核心素养渗透在小学语文教学中,在审美鉴赏与创造中渗透核心素养,在日常生活中渗透核心素养,在文化传承中渗透核心素养,以语文课程

---
[1] 中华人民共和国教育部.义务教育语文课程标准(2022年版)[S].北京:北京师范大学出版社,2022:1.

为载体凸显核心素养在语文学科教学中的渗透与积累。

语文课程的建设,应对具体语言材料进行积累、品味、感悟,在对语言材料整体把握的基础上,再根据学生的需要,帮助学生认识语文运用的规律。语文课程应注重引导学生多读书、多积累,重视语言文字运用的实践,在实践中领悟文化内涵和语文应用规律。

基于这种认识,我们认为,语文课程的核心价值是学习祖国语言文字的运用。

小学语文是儿童的语文,小学语文应当成为儿童的一种生命存在,因此我们要认识儿童。课堂上,语文教学目标的确定、内容的选择、实施的过程与方法及评价等,必须符合儿童身心发展的规律,凸显儿童的主体地位,把儿童的思想融入语文课,让童声、童心、童趣在老师的唤醒、鼓舞中精彩呈现。

二、学科课程理念

依据《义务教育语文课程标准(2022年版)》文件精神,结合我校历史、文化、语文学科实际情况,我校提出语文学科课程哲学为"童味语文"。所谓"童味语文",就是面向儿童、亲近儿童、尊重儿童、发现儿童的语文。我们努力在语言学习中建构儿童的精神大厦,润化童心。

(一)"童味语文"是面向儿童的语文

小学语文是儿童语文,小学语文应当成为儿童的一种生命存在。儿童有儿童的感动,儿童有儿童的诠释,儿童有儿童的情怀,儿童有儿童的梦想。作为语文教师,我们应尊重儿童文化,从儿童生态的角度出发,创设适合儿童文化发展的环境,倾心营造与儿童心灵相通的情境,让滋润儿童语言、生命发展的阳光照进课堂,让学生快乐徜徉于一片新的语文天地中。

(二)"童味语文"是亲近儿童的语文

要在语文课体现"儿童味",更重要的是凸显儿童的主体地位,把童心、童趣融入语文课中,要让儿童真情流露。儿童是课堂的主人,小学语文课堂是儿童的课堂。"以人为本"的理念正是基于对小学课堂上儿童存在的一种重视。一直以来,我们都在追求高效、诗意的课堂,力求遵循儿童的认知规律,使语文课堂真正成为唤醒儿童主体意识的课堂。课程任务是培育童趣、童真,贯穿言语素养(动机素养、知情意素养、体式素养、行为素养、创造力素养等）的涵养过程。教学原则是以写（表现与存在）为本，为写择读（听、说），以写促读，由读悟写，读以致写，让学生真情流露。

（三）"童味语文"是尊重儿童的语文

小学语文这门学科，一是姓"语"，二是姓"小"，我们的教育对象是6—12岁的学生，还处于儿童成长的阶段，他们有自己认识世界的方式。我们教的是儿童，儿童不是小"大人"，我们不能把成人的认识强加给儿童，或牵引着他们向前，小学语文教育贵在深入浅出，符合儿童的认识水平。学生作为个性鲜明的生命个体，总是带着自己已有的知识、经验和情感来接触新的阅读文本，他们的阅读个性是客观存在的。我们应从儿童的视野出发，把握儿童的认知起点，尊重儿童的认知特点。

（四）"童味语文"是发现儿童的语文

学生的心智发展，是遵循自己特有的认识规律的，教育工作者的任务，就是要把知识转换成一种适应正在发展着的学生的形式。"发现儿童的语文"基于人类本能与行为，着眼个体内在、外在交流与创新，它倡导"心眼手合一"，强调自我发现、关注世界与自主创新，营造积极的阅读与写作氛围，解放儿童的身心，引导学生在观察、体验、阅读与写作的同时，对世界和自我进行深入的追问，寻求内在和外在世界的连接点与生长点。这一教学主张着眼于学生审美情感、认知水平与表达能力的同步发展，致力于培养学生勤于观察、善于发现、乐于反思、长于创新的综合素质。

我们语文科组提出"童味语文，润化童心"的课程理念，具体而言，就是让童趣在教学情境中闪烁，让童真在诗情画意中流淌，让童言在无拘无束中生成，让童心在天马行空中放飞。

卢梭在《爱弥儿》中也说："教师应当顺应儿童自然成长的天性，珍视儿童短暂的童年生活，即教育必须从儿童的实际出发，处处考虑儿童的年龄特征……①"因此，小学语文课堂应着眼于儿童的生命成长，彰显儿童在课堂上的主体地位，让童趣、童真在教师的唤醒中真实体现，让童言、童心在教师的激励中自由表达。

儿童的世界是神奇的，孩子是这个世界的主人，他们按照自己的思维方式读懂这个世界，表达自己的理解和感悟。教师要尊重儿童个性化的解读，不阻碍儿童和文本的自由对话，让他们在无拘无束中凸显自己的主体，张扬自己的个性。

---

① 邓萍.卢梭自然主义教育思想的意义[J].科技信息，2013(17)：72—73+102.

语文课堂绝非单纯的文化传递,而是一种人格心灵的唤醒。小学语文课堂体现"儿童味",就是要面向儿童、亲近儿童、尊重儿童、发现儿童。语文教师要把自己当成孩子,俯下身子,用儿童的眼睛去欣赏,用儿童的心灵去感受,用儿童的视角去描绘。因此,我们学科组努力构建面向儿童、亲近儿童、尊重儿童、发现儿童的语文课程体系。

第二节　建构儿童的精神大厦

《义务教育语文课程标准(2022年版)》指出:"语文课程致力于全体学生核心素养的形成与发展,为学生学好其他课程打下基础;为学生形成正确的世界观、人生观、价值观,形成良好个性和健全人格打下基础;为培养学生求真创新的精神、实践能力和合作交流能力,促进德智体美劳全面发展及学生的终身发展打下基础①。"

一、学科课程总体目标

语文课程是一门学习语言文字运用的综合性、实践性课程。义务教育阶段的语文课程,应使学生初步学会运用祖国语言文字进行交流沟通,吸收古今中外优秀文化,提高思想文化修养,促进自身精神成长。工具性与人文性的统一,是语文课程的基本特点。

根据《义务教育语文课程标准(2022年版)》的要求,我校"童味语文"的学科课程的总体目标是:培养学生的爱国主义、集体主义、社会主义思想道德,使学生逐步形成正确的世界观、人生观、价值观。引导学生热爱国家通用语言文字,感受语言文字及作品的独特价值,认识中华文化的丰厚博大,汲取智慧,弘扬社会主义先进文化、革命文化、中华优秀传统文化,建立文化自信。引导学生关心社会文化生活,积极参与和组织校园、社区等文化活动,发展交流、合作、探究等实践能力,增强社会责任意识。引导学生感受多样文化,吸收人类优秀文化的精华。帮助学生认识和书写常用汉字,学会汉语拼音,能说普通话。使学生主动积累、梳理基本的语言材料和语言经验,逐步形成良好的语感,初步领悟语言文字运用规律。使学生学会使用常用的语文工具书,运用多种媒介学习语文,初步掌握基本的语文学习方法,养成良好的学习习惯。帮助学生学会运用多种阅读方法,具有独立阅读能力。使其能阅读日常的书报杂志,初步鉴赏文学作品,能借助工具书阅读浅易文言文。帮助学生学会倾听与表达,初步学会用口头语言文明地进行人际沟通和社会交往。使其能根据需要,用书面语言具体明确、文从字顺地

---

① 中华人民共和国教育部.义务教育语文课程标准(2022年版)[S].北京:北京师范大学出版社,2022:1.

表达自己的见闻、体验和想法。引导学生积极观察、感知生活,发展联想和想象,激发其创造潜能,丰富语言经验,培养语言直觉,提高语言表现力和创造力,提高形象思维能力。使学生乐于探索,勤于思考,初步掌握比较、分析、概括、推理等思维方法,辩证地思考问题,有理有据、负责任地表达自己的观点,养成实事求是、崇尚真知的态度。引导学生感受语言文字的美,感悟作品的思想内涵和艺术价值,使其能结合自己的经验,理解、欣赏和初步评价语言文字作品,丰富自己的情感体验和精神世界。使学生能借助不同媒介表达自己的见闻和感受,学习发现美、表现美和创造美,形成健康的审美情趣①。

二、学科课程年级目标

根据课程标准的要求,结合我校语文学科课程总目标,我们将语文课程年级目标设置如下(以一年级为例):

表1-1 广州科学城实验小学语文学科课程一年级目标表

年级	上学期		下学期	
一年级	第一单元	共同目标 1. 借助听读和联系生活经验来学习汉字,帮助学生建立汉字音、形、义之间的联系,激发学生的识字兴趣。 2. 结合"讲故事""听故事"和本单元的"快乐读书吧",引导学生和大人一起读故事,体验识字的价值。 3. 培养学生良好的写字和朗读习惯。 校本要求 鼓励有基础的孩子加强课文背诵和课外阅读,进一步扩大识字量,	第一单元	共同目标 1. 通过课文激起学生的学习兴趣,传承中华民族文化。 2. 了解多种识字方法并初步接触形声字,提高学生自主识字能力。 3. 在识字中巩固拼音,帮助学生建立生字、音、形、义之间的联系。 校本要求 新学期开始,学生学习兴趣浓厚,抓住这个机会,继续加强朗读背诵的训练,进一步帮助学生克服方言影响,培养普通话语感。

---

① 中华人民共和国教育部. 义务教育语文课程标准(2022年版)[S].北京:北京师范大学出版社,2022:6—7.

续 表

年级	上学期		下学期
	培养语感。并帮助"零基础"的孩子树立信心,激发他们的学习兴趣,初步培养良好的语文学习习惯。		
第二单元	共同目标 1. 让学生通过课文情境图,以读为主,在拼读中运用、巩固所学拼音,激发学生学习拼音的兴趣和想象力。 2. 指导学生对照四线格的位置进行拼音书写,并培养正确的执笔和写字姿势,以及良好的书写习惯。 校本要求 引导有基础的孩子当"小老师",帮助"零基础"的孩子学习汉语拼音。教的孩子知识得到巩固,能力得以提升,心灵得以净化;被教的孩子强化了知识,收获了友谊。	第二单元	共同目标 1. 通过文章激起学生的情感共鸣,培养积极向上的生活态度。 2. 通过找出课文中明显的信息,培养学生的阅读理解及抒发己见的能力。 3. 指导学生学会正确、流利地读好词语和句子,掌握节奏。 校本要求 本单元课文想象丰富,充满童真童趣,通过学习课文,培养学生大胆想象的能力。
第三单元	共同目标 1. 通过情境图发展学生观察能力和口语表达能力的同时,指导学生学习相关韵母。 2. 通过拼音帮助学生认识生字,体会学习拼音的价值。 3. 利用已掌握的声母和单韵母知识及已认识的汉字,认读复韵母、整体认读音节,准确拼读音节。 4. 在学习书写音节词的同时,体会拼音标调的规则,在四线格里正确按要求书写,注意培养学生良好的书写习惯。	第三单元	共同目标 1. 通过联系上下文了解词语意思。 2. 学会积累和运用词语,使句子更生动形象。 3. 重点练习读好角色对话,可联系生活实际想象体会,读出自己的感受。 校本要求 本单元课文充满人情味儿,学生通过学习课文,丰富情感体验,初步认识到友谊的重要性以及语言文字表情达意的功能。

续 表

年级	上学期	下学期
	校本要求 克服方言对学习汉语拼音的影响，加强拼读练习，培养普通话的语感。	
第四单元	共同目标 1. 激发学生对大自然的喜爱之情。 2. 指导学生正确、流利地朗读课文，能读准字音，读出轻声、儿化音等，做到连词读，不丢字、添字，能正确停顿等。 3. 通过范读，以多种方式引导学生充分朗读，不断提高学生朗读能力。 校本要求 结束两个单元的汉语拼音教学，开始学习课文，学生兴趣高涨。抓住时机，加强朗读背诵的练习，培养语感，增加积累。	第四单元	共同目标 1. 通过课文了解和热爱中华传统文化。 2. 读好长句子，初步感知长句子的停顿，读好多个分句组成的反问句间的停顿。 3. 积累常见词语和"×来×去"形式的词语以及古诗。 4. 根据课文信息作简单推断，并联系生活实际进行表达。 校本要求 引导学生从课文中受到启发，唤醒学生对亲情的认识与感知，丰富学生的情感体验，初步培养学生联系生活实际理解语言文字的能力。
第五单元	共同目标 1. 指导学生认识会意字，进一步了解汉字偏旁表义的构字规律，激发学生的识字热情。 2. 通过增加识字量、认识合体字和形近字，帮助学生建立字音、字形与字义之间的联系。 3. 提高学生识字效率，巩固识字成果。 校本要求 进一步克服方言对语文学习的影响，多拼读，巩固汉语拼音知识，提高借助汉语拼音认读汉字的能力。	第五单元	共同目标 1. 温故知新，通过学习形声字的构字规律进行识字，并能举一反三。 2. 在读句子、读韵语的过程中，认识生字，读准字音。 3. 在读文时学会边读边想，边读边发现。 校本要求 本单元是识字单元，学生通过学习，进一步巩固汉语拼音知识，提高借助汉语拼音认识汉字的能力，加强普通话朗读，加强课外阅读。

续 表

年级	上学期		下学期	
	第六单元	共同目标 1. 激发学生对自然、对生活的热爱。 2. 重视朗读基本功的训练,指导学生把课文读正确、读通顺,及时纠正学生朗读中的错误。 3. 创设情境引导学生读好疑问句、陈述句及对话。 4. 初步建立句子的概念,引导学生认识逗号、句号,学会数句子。 5. 丰富学生对生活经验的积累。 校本要求 通过情境朗读,培养学生一边读一边想象画面的能力。	第六单元	共同目标 1. 通过学习,认识传统文化并感受语言之美。 2. 联系生活实际了解词语的意思。 3. 进行比喻句的仿写,进一步体会语气词的表达与运用。 4. 读好问句和感叹句,读出古诗的节奏。 校本要求 本单元课文对话较多,有一定的情节,故事性强,教学时加强朗读训练与指导,进一步提高学生普通话语感,增加学生积累,进一步培养学生一边读一边想象画面的能力。
	第七单元	共同目标 1. 联系学生的生活实际,引起学生共鸣,加深体验和感受。 2. 学习"的"字词语的合理搭配,让学生从中体会到,合理的搭配可以使语言表达更加具体、生动。 校本要求 本单元课文难度加大,通过对核心问题的思考,培养学生思辨与理解能力。	第七单元	共同目标 1. 增强学生自身责任感,养成良好习惯。 2. 根据课文信息,运用"要是……就……"的句式进行推断,并通过已知信息对后文进行推断,建立信息完整性的意识,进行逻辑思维的训练。 3. 读好疑问句和祈使句的语气,通过角色对话读懂长课文。 校本要求 培养学生良好的生活习惯和学习习惯,初步认识表达准确的重要性。
	第八单元	共同目标 1. 激发学生的阅读兴趣,让学生体会只要留心观察,生活中处处有学问。 2. 初步培养学生寻找明显信息的	第八单元	共同目标 1. 在借助图文猜字、认字和读懂课文的基础上,发展独立识字和阅读的能力。 2. 读出祈使句的语气,读好多个角

续 表

年级	上学期	下学期
	能力,指导学生学会从课文中提取相关信息,并和大家交流。 3. 学会借助图画阅读课文。 4. 初步认识自然段。 　　　　校本要求 本单元课文情节生动,借此进一步培养学生一边读一边想象画面的能力,激发学生阅读的兴趣。	色之间的对话,从语气变化感受角色心情变化。 3. 继续训练根据信息作简单推断,并通过图文找出相关信息,相互补充。 　　　　校本要求 本单元课文情节生动,通过教学,进一步激发学生学习语言文字的兴趣,体验学习的快乐。

第三节　在诗情画意中流淌隽永的情愫

基于我校语文学科"在语言学习中建构儿童的精神大厦"的学科课程理念,为实现课程教学目标,需要整合校内外学习资源,开发丰富的拓展课程,以满足学生的个性化学习需求,培养学生的兴趣爱好,开发学生的潜能,促进学校办学特色的形成。

一、学科课程结构

《义务教育语文课程标准(2022年版)》的学段要求指出:"识字与写字""阅读与鉴赏""表达与交流""梳理与探究"四大板块为小学阶段的重要学习内容[①]。结合我校学生的年龄发展特点以及我校的育人目标而自主开发的"童味语文"课程,分为"童味识写""童味阅读""童味口语""童味习作""童味探究",在诗情画意中流淌隽永的情愫。(见图1-1)

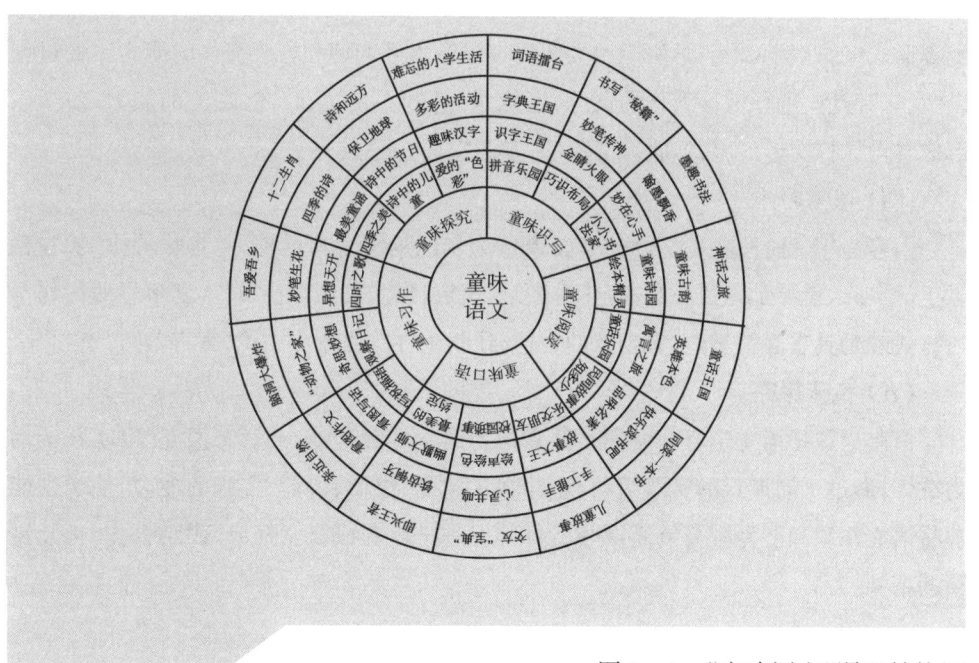

图1-1　"童味语文"课程结构图

---

① 中华人民共和国教育部.义务教育语文课程标准(2022年版)[S].北京:北京师范大学出版社,2022:7—13.

具体表述如下：

（一）童味识写

内容为小学各阶段识字、写字任务。识字与写字是第一学段的教学重点，也是贯穿整个义务教育阶段的重要教学内容。"童味识写"注重学生识字的兴趣，帮助学生了解汉字的历史，引导学生规范、端正、整洁地书写汉字，体会和认识民族文化，掌握书写汉字的技能，增强对祖国语言文字的热爱和对中华民族文化的理解，陶冶学生的性情，培养其审美能力，使其品味原汁原味的文字魅力。

（二）童味阅读

内容为适龄儿童阅读的经典绘本、文学名著、文学作品等。"童味阅读"是以引导学生利用语言文字，获取信息、积累语言、增长见闻、认识世界为主题的活动，以"返璞归真，润化童心"为路径，引导学生学会运用多种阅读方法和技巧，用童眼看世界，在阅读中丰富自身积累，注重情感体验，滋养童心，为自身发展积蓄力量。

（三）童味口语

内容以教材练习中的口语交际为脚本，选择贴近学生生活的话题。通过师生、生生等形式组织教学，培养学生运用文明语言进行人际沟通和社会交往的能力。通过创设"童味"情境，进行潜移默化的训练，锻炼学生倾听、表达、转述、交流的能力，使学生形成与世界打交道的方式，收获交流的"童趣"。

（四）童味习作

内容为小学阶段各类文体的书面表达为主的语文学习活动。"童味习作"旨在贴近生活实际，引导学生留心观察，热爱生活，亲近自然，关注社会，以丰富多彩的习作学习方式鼓励具有真情实感、有创意的表达，让学生在写作创作中说"真言"，写"童心"。

（五）童味探究

内容为依托语文学习开展的多种多样的语文实践活动。"童味探究"以实践活动为载体，通过不同形式的实践活动，培养学生策划、组织、协调、实施的能力，使学生能够将语文知识和能力融会贯通，学以致用，促进学生养成自主探究、团结合作、勇于创新的精神。

二、学科课程设置

我们遵循语文教育教学和学生认识发展及成长规律，稳步推进并逐步完善"童味语文"课程设置,让童趣在教学情境中闪烁,让童真在诗情画意中流淌,让童言在无拘无束中生成,让童心在天马行空中放飞。"童味语文"课程设置不仅让学生积累、感悟、运用语言,更重要的是开启生命智慧的教育,激发儿童的生命潜能,促进儿童的自我教育和成长。

在按要求完成十二册统编语文教材的学习之外,我校根据学生学习需求,开发了丰富多彩的拓展课程,具体设置见表1-2:

表1-2 广州科学城实验小学语文学科拓展课程设置表

类别 \ 内容		童味识写	童味阅读	童味口语	童味习作	童味探究
一年级	上学期	拼音乐园	绘本精灵	乐交朋友	写祝福语	四季之美
	下学期	识字王国	童味诗园	故事大王	看图写话	最美童谣
二年级	上学期	字典王国	童味古韵	手工能手	看图作文	四季的诗
	下学期	词语擂台	神话之旅	儿童故事	亲近自然	十二生肖
三年级	上学期	巧识布局	童话乐园	校园琐事	观察日记	诗中的儿童
	下学期	金睛火眼	寓言之旅	绘声绘色	奇思妙想	诗中的节日
四年级	上学期	妙笔传神	英雄本色	心灵共鸣	"动物之家"	保卫地球
	下学期	书写"秘籍"	童话王国	交友"宝典"	脑洞大爆炸	诗和远方
五年级	上学期	小小书法家	民间故事知多少	最美的约定	四时之歌	爱的"色彩"
	下学期	妙在心手	品味名著	幽默大师	异想天开	趣味汉字
六年级	上学期	翰墨飘香	快乐读书吧	铁齿铜牙	妙笔生花	多彩的活动
	下学期	墨趣书法	同读一本书	即兴王者	吾爱吾乡	难忘的小学生活

三、学科课程内容

围绕"童味语文"课程设置,依据儿童身心发展规律,我校展开学科课程部分内容解读(见表1-3):

表1-3 广州科学城实验小学"童味语文"课程内容设置表

年级	课程类别名称	课程名称	课程内容
一年级	上学期	拼音乐园	1. 认识并读准声母、韵母、声调和整体认读音节。 2. 准确地拼读音节,正确书写声母、韵母和音节。
		绘本精灵	学会正确挑选绘本,感受绘本里的世界,培养阅读兴趣。
		乐交朋友	1. 能向他人介绍自己,积极使用普通话来表达自己。 2. 懂得基本的交际礼仪。
		写祝福语	1. 观察贺卡的格式,让孩子说出所观察到的内容。 2. 掌握祝福语的书写格式后,进行贺卡制作。
		四季之美	在老师和家长的引导下,通过图片、孩子的相片、动画视频等了解四季独特的美。
	下学期	识字王国	学习笔画、笔顺、偏旁(部首)等重要内容。
		童味诗园	1. 学习古诗的朗读方法,感受其中韵律。 2. 延伸学习朗朗上口、广为人知的古诗作品,提高学生的语文素养。
		故事大王	能用简洁的语言把自己听到的故事分享给他人。
		看图写话	通过仔细看图,让学生说一说图中的内容,并试着把看到和想到的用几句话写下来。
		最美童谣	在老师和家长的指导下,搜集童谣,通过朗读、表演感受童谣的美。

续 表

名称\年级	课程类别	课程名称	课程内容
二年级	上学期	字典王国	让学生学会使用字典,学会用音序、部首、笔画查字典的查字方法。
		童味古韵	读经典《笠翁对韵》,感受诗文的声律与对仗,在诵读中亲近经典,传承文化,感受到民族文化的源远流长。
		手工能手	1. 把一件手工作品带到学校,告诉同学你做的是什么,是怎么做的。 2. 发言的同学要按照顺序说,其他同学注意听,记住主要信息。
		看图作文	通过仔细看图,让学生说一说图中的内容,并试着把看到和想到的写出来。
		四季的诗	在老师和家长的指导下搜集描写四季的故事,通过诵读、诗配画等活动感受大自然的美好。
	下学期	词语擂台	1. 举办"词语擂台",复习词语,请两人读词语,其余同学做评委,比一比谁读得又快又对。 2. 考查学生对成语、AABB式词语、ABAC式词语等的积累。
		神话之旅	通过阅读神话故事,引导学生从中了解中国悠久的历史,灿烂的文化,古老的文明,感受母语文化的璀璨与美好。
		儿童故事	故事里的儿童往往有学生的影子,最能打动学生,学生把自己读过的儿童故事,与他人分享,做到语言清晰、说话有条理。
		亲近自然	学会观察大自然,把自己收藏到的"问号"写下来并分享。
		十二生肖	通过图文并茂的形式展现十二生肖的内容,让学生了解与十二生肖相关的属相、生肖文化等知识。

续 表

年级	课程类别名称	课程名称	课程内容
三年级	上学期	巧识布局	通过讲解,指导学生掌握笔画的不同写法,以及在字中的间架结构安排,帮助学生把字写得美观。
		童话乐园	1. 了解童话故事的特点,感受童话故事给我们带来的乐趣。 2. 充分发挥自己的想象,创编童话故事。
		校园琐事	1. 通过口语交际,提高学生的分析和综合能力。 2. 如实而有条理地叙述身边的小事,并描述自己的感受和别人对这件事的看法。
		观察日记	1. 通过让学生回忆自己的观察与发现,引导学生懂得如何观察。 2. 培养孩子们观察的兴趣,养成留心观察周围事物的好习惯,并有条理地记下观察中的新发现。
		诗中的儿童	在浩瀚的古诗词里,去寻找古代儿童的生活情景,开展朗诵、表演、看图猜诗句等活动,积累佳句,寻找童趣。
	下学期	金睛火眼	学会区分形近字、同音字,并会给自己的作业本改错别字,进一步提高学生的识字水平。
		寓言之旅	1. 通过阅读,引领学生走进寓言故事,感受寓言故事的丰富多彩,激发学生阅读寓言的兴趣。 2. 通过阅读,丰富学生的知识,开阔他们的视野,活跃他们的思维,陶冶他们的情操,让他们感受读书的幸福和快乐。
		绘声绘色	1. 能自然、大方地把故事讲给别人听,并能用合适的方法,把故事讲得引人入胜。 2. 认真听别人讲故事,能记住主要内容。
		奇思妙想	1. 能借助习作例文体会丰富与神奇的想象。 2. 大胆想象,写想象故事。
		诗中的节日	在老师的指导下,搜集和了解古诗中的节日,让学生在学习中了解传统节日民俗,学习节日文化,树立国家意识,增强民族自豪感,弘扬民族文化。

续 表

年级	课程类别名称	课程名称	课程内容
四年级	上学期	妙笔传神	1. 整行书写时把字的中心写在横格的中线上。 2. 书写时字体保持水平,保持字距均匀,提升书写的美观度。 3. 养成提笔即练字的好习惯。
		英雄本色	1. 通过阅读,搜集资料,了解历史故事或者神话故事中的人物。 2. 通过阅读,了解故事情节,并向他人讲述自己喜欢的"英雄"故事。 3. 使用恰当的语气和肢体语言,把故事讲述生动,在情境中感受人物的优良品质。
		心灵共鸣	1. 在特定的情境中,设身处地地考虑被安慰者的心情,选择合适的方式进行安慰。 2. 学会借助语调、手势等恰当地表达自己的情感,达到安慰他人的效果。
		"动物之家"	1. 通过大胆的想象与联想,发现家人与动物之间的相似之处。 2. 通过把家人想象成某种动物,写出家人最突出、最明显的特点。 3. 将习作主动与同学、家人分享,体验表达的乐趣。
		保卫地球	1. 能围绕"我们与环境"的话题去关注环保问题、收集材料,倾听同伴发言,积极表达自己的观点,树立环保观念。 2. 归类汇总,认真甄选,提炼出保护环境的若干小建议,并在社区中宣传。
	下学期	书写"秘籍"	1. 观察难字、易错字,结合书写要求,把字写得准确、美观。 2. 结合书写要求进行自评。 3. 举办书写作品分享会,学生互评。
		童话王国	1. 感受童话的奇妙,体会人物真善美的形象。 2. 按自己的想法新编故事。

续 表

课程类别名称年级		课程名称	课程内容
五年级	上学期	交友"宝典"	1. 反思生活,发现自己在与朋友相处过程中出现的问题。 2. 商讨并提出问题的解决办法,总结与朋友相处的"秘诀"。 3. 学会记录讨论过程、整理信息,形成学习的过程性报告。
		脑洞大爆炸	1. 发挥想象,写出一种自己想要发明的事物,并能够借助图示,清楚地介绍自己要发明的东西。 2. 阅读一本科幻小说,观看一部科幻电影。 3. 构想你眼中的未来世界,并与同学展开交流。
		诗和远方	1. 学会阅读和欣赏现代诗,收集并摘抄自己喜欢的现代诗,朗读交流,展开视界。 2. 发挥想象,尝试着创作自己的诗歌。 3. 举办诗歌朗诵会,并合作编辑"小诗集"。
		小小书法家	1. 初步了解欧阳询楷书的用笔、结构等特点,通过对欧阳询楷书的艺术风格和表现形态的欣赏,感受汉字书法的魅力。 2. 尝试用毛笔描摹、临摹《九成宫醴泉铭》,通过实践,进一步感知其特点,逐步提高审美能力。 3. 选出优秀作品进行展示。
		民间故事知多少	1. 知道民间故事的种类。 2. 阅读各国的民间故事,总结归纳各国民间故事的特点。 3. 班级开展民间故事会。讲故事时,适当丰富故事里的情节,并配上相应的动作和表情。
		最美的约定	1. 明白什么是班级公约及制定班级公约的重要性。 2. 分类提出班级建设的目标,分组讨论,形成小组意见,全班表决后形成班级公约。
		四时之歌	1. 走进大自然,感受四季之美。用照片的形式留下四季中最美的时刻。 2. 开展交流会,展示"我认为四季中最美时刻"照片,评选"最美时刻"。 3. 用笔描述你心中最美的季节以及最美的时刻。 4. 挑选优秀习作,整理成习作册。

续　表

课程类别＼名称＼年级	课程名称	课程内容
下学期	爱的"色彩"	1. 围绕观点，选取材料，开展讨论会，针对父母不同的爱的方式发表看法。阅读相关名作，观看一两部影片，进行观后感交流。 2. 理性客观地看待父母之爱，写下几句想对爸爸妈妈说的"悄悄话"。 3. 通过行动表达对父母的爱，例如主动帮父母做家务、帮父母洗脚、给父母做感恩贺卡。
	妙在心手	1. 用楷体抄录刘湛秋的《帆》，标题和作者占起首两行并各自居中，位置醒目；每段的开头空两格，能够清晰分辨出不同段落；字迹较均匀，整体规范美观。 2. 欣赏《颜勤礼碑》（局部），初步了解颜体书法艺术，感受其艺术风格，进一步体会书法的魅力。 3. 开展班级交流，同学之间分享书写经验。
	品味名著	1. 利用动画片和影视作品激发学生阅读名著的兴趣。 2. 了解古典名著的常见体裁，学习阅读方法，制定阅读计划，做好阅读记录。 3. 组织读书交流活动，体会阅读的快乐，增加对名著的认知。 4. 把学习到的阅读方法运用在其他古典名著中，成立兴趣小组，研讨交流，互相鼓励，争取读完一整本名著。
	幽默大师	1. 观看德云社及其他艺术社团的精彩相声、小品片段，感知风趣的语言所富有的感染力和表现力，感受笑话给大家生活带来的欢乐。 2. 收集内容健康、积极向上的笑话，努力表现人物的神态、语气、动作等，克服不良的口语习惯，将笑话讲得更精彩。 3. 用心倾听别人讲笑话，做一个文明知礼的好听众。
	异想天开	1. 结合第六单元习作"神奇的探险之旅"，记录自己想象中的探险之旅。

续 表

课程类别名称 年级		课程名称	课程内容
六年级	上学期		2. 展开丰富的想象,把探险过程中遇到的困境、求生的方法、曲折的过程写具体,并把探险过程中心情的变化写出来。 3. 能主动与他人交换修改习作,挑选优秀习作,整理成习作册。
		趣味汉字	1. 通过开展一系列的汉字学习活动,引导学生了解汉字的特点,感受汉字文化的趣味。 2. 学写活动计划,并通过活动,提高合作学习与探究的能力。 3. 学习搜集资料的基本方法,提高有目的地搜集资料、整理资料的能力。 4. 初步了解汉字文化,提高对汉字的兴趣。
		翰墨飘香	1. 学习欣赏书法大家王羲之的名作《兰亭集序》,感受书法艺术的魅力。 2. 搜集书法名家名作的故事,通过图片或多媒体等多种形式,向同学展示、介绍。 3. 自己尝试动手仿写书法作品,体会写书法的乐趣。
		快乐读书吧	1. 产生阅读兴趣,能了解小说的主要内容。 2. 认识书的封面,了解书名、作者等基本信息,初步养成爱护图书的好习惯。 3. 感受课外阅读的快乐,乐于与大家分享课外阅读的成果。
		铁齿铜牙	1. 了解什么是演讲,并围绕话题拟定演讲题目,根据一定的要求写好演讲稿。 2. 进行演讲技能培训。观看《演说家》视频,并总结演讲的成功要点。 3. 开展一场演讲比赛,评比出"小小演说家"。
		妙笔生花	1. 围绕提供的主要人物展开丰富的想象,创编生活故事。 2. 把故事写完整,情节尽可能吸引人,试着写出故事发生的环境和人物的心理。

续　表

名称\课程类别\年级	课程名称	课程内容
下学期		2. 将同学们的作品交流展示,并通过对比阅读,总结、修改、提升。
	多彩的活动	1. 交流探究举办校园活动的方案。 2. 通过举办多彩的校园活动,试着用点面结合的方法记录活动的场面。
	墨趣书法	1. 进一步了解汉字的结构特点,特别是各种不同的偏旁或同一偏旁在字形不同位置所占的空间大小及笔画的变化。 2. 写字时做到字迹工整、行款整齐,有一定的速度。 3. 激发学生的写字兴趣,提高学生对汉字书法的鉴赏能力。
	同读一本书	1. 选择一本书作为共同阅读的对象,并提取出一两个大家都比较感兴趣的观点,进行交流讨论,形成新的认知。 2. 选择同一类不同作者的另一本书,或者是同一作者不同时期的另一本书,共同阅读。提取出一两个大家感兴趣的观点进行交流,并与上一本书进行对比阅读,深入探讨,打开新的认知角度。
	即兴王者	1. 了解什么是即兴发言。 2. 根据交际场合和对象,围绕某个交际话题,快速组织语言,有条理地发言。说话得体,有针对性。
	吾爱吾乡	1. 介绍家乡的一种风俗或自己参加一次风俗活动的经历。 2. 根据老师、同学的反馈意见,明确写作时的详略安排及突出的重点。 3. 为习作配上适当的图片或插画,开展一次"吾爱吾乡"的乡风乡情展示、交流活动。
	难忘的小学生活	1. 填写"时间轴",小组共同制作"成长记录册",回顾六年来的小学生活。 2. 策划一场小型的毕业典礼,话别母校,表达自己的依依惜别之情。

第四节　过充满儿童味的语文生活

《义务教育语文课程标准(2022年版)》指出:立足核心素养,彰显教学目标以文化人的育人导向;体现语文学习任务群特点,整体规划学习内容;创设真实而富有意义的学习情境,凸显语文学习的实践性;关注互联网时代语文生活的变化,探索语文教与学方式的变革[①]。因此,"童味语文"创设具有童味的语文学习氛围,开展五彩缤纷的语文实践活动课程,培养学生的语文能力,提高学生的语文素养,激发学生的语文学习兴趣。为此,根据"童味语文"的课程理念、学科性质、课程目标等方面,我们从"童味课堂""童味社团""童味读书节""童味之旅""童味探究"五个方面进行课程实施,让儿童味充满语文学习生活。

一、打造"童味课堂",彰显语文课程实施品质

"童味课堂"遵循我校"童心飞扬,童年绽放"的办学理念,是在此基础上建立的语文学科特色课堂。"童味课堂"始终坚持"以生为本",在课堂中给孩子们一个金色的童年。这个金色的童年,一定是一个快乐的童年,一个幸福的童年,一个充满儿童生活味儿的童年。因此,"童味课堂"也一定是快乐的、幸福的、充满童味的课堂。在这样的课堂中,学生处于主体地位,充分发挥其主观能动性;教师处于主导地位,引导孩子活跃其思维,激发其兴趣,愉悦其心情,营造出和谐有序、生动活泼、师生互动的课堂氛围。建设符合我校语文学科实际的"童味课堂",主要包括基本要求、推进策略和评价提升三个方面。

(一)"童味课堂"的基本要求

"童味课堂"遵循"以生为本"的原则,提出了"童趣、饱满、丰富、活泼、灵动、多元"六个基本要求。

童趣:课堂教学中融入"童味教育"的思想,教学过程中把握"乐学会学"的教学理念。

---

① 中华人民共和国教育部.义务教育语文课程标准(2022年版)[S].北京:北京师范大学出版社,2022:44—46.

饱满：课程目标切合实际，促进不同学生的个性发展，培养学生良好的学习习惯，实现知识、能力、情感态度、价值观等多维教学目标。

丰富：教学内容要丰富多彩，教师创造性地使用教材，促进学生综合能力的全面发展。

活泼：教学过程应当遵循儿童的身心特点，尊重孩子的个性需求，设计丰富多彩的童味语文活动，让孩子们找到自己最感兴趣的内容，快乐学习，让每一颗童心都快乐飞扬，获得积极、愉悦的情感体验，让"童味课程"成为孩子成长的一段历程。

灵动：我们不仅要让学生找到自己最感兴趣的活动内容，形成积极的情感体验，还要设计具有挑战性的童味语文活动内容，让儿童动手、动口、动脑，多种感官参与，合作交流，探究学习，开启儿童的生命智慧。

多元：教学评价要多元化，教师利用多种评价方式，促进学生语文素养提高、语文能力发展。

为了使"童味课堂"能够更好地落到实处，我校在教导处的带领下，坚持以教科研为先导，严抓教师教学质量，积极组织开展教学比赛，落实观评课活动。我们始终以孩子的真实需求为出发点，朝着"童味教育"的目标不断探索，不断前进，总结出一些走"童味课堂"之路的方法。具体如下：

1. 进课堂，促发展。我校教导处组织行政领导和当节空堂老师每学期坚持听随堂课至少20节，发现普遍存在的问题，然后集中进行反馈。每节听评课后，由听课教师根据《童味课堂评价标准》进行量化评分，更进一步触摸"童味课堂"的实质内涵。同时，对学生进行问卷调查，直面学生学习问题，促进课堂质量稳步提升。

2. 抓质量，提实效。为了提高我校的教学质量，真正把"童味课堂"的理念贯彻下去，达成"童味教育"的目标。每个学年，每个年级组通过进行"童味优师课比赛"，展示不同年级的课堂风采。我校还制定并实施了"师徒结对"活动，为每一个新的"雏鹰"老师配对一个教学经验丰富的"雄鹰"老师，通过"雄鹰"老师展示课和"雏鹰"老师汇报课，以旧带新，互相学习，不断磨合，取长补短，真正把教师的活力焕发出来。

3. 研课题，解问题。围绕"童味课堂"，组织老师们加强理论学习，让"童味课堂"的理念进学校、进头脑、进教室。在校级课题之下，对全体教师进行小课题研究的专题培训，引导老师如何从问题出发，选择小课题进行童味课堂的有效研究。各教研组确定共同的研究课题，制定研究方案，教师个人的主题研究与组内的课题研究同时展开。

(二)"童真课堂"的评价提升

依据我校"童味教育"的内涵,我们设计了符合"童味课堂"内涵的"童味课堂评价量表",以量化的方式对课堂进行评价。听评课后,由听课教师填写评价表交给执教教师,并将其作为教师成长足迹的重要组成部分,通过评价量化分数曲线图的绘制,记录教师课堂教学成长的过程(具体见表1-4):

表1-4 广州科学城实验小学童味课堂评价量表

教师姓名		性别		年龄		上课时间	年	月		日
课题							年级		学科	
评价项目	分值	评价要点					A	B	C	D	小计
教学文化童趣	10	课堂教学中融入"童味教育"的思想,教学过程中把握"乐学会学"的教学理念。					10	8	6	4	
教学目标饱满	20	课标与教材把握准确,切合学生实际。					4	3	2	1	
		体现认知、技能和情感的有机结合。					4	3	2	1	
		培养学生良好的学习习惯。					4	3	2	1	
		不同的学生实现了不同的发展。					4	3	2	1	
		知识、能力、情感态度、价值观等多维教学目标的实现。					4	3	2	1	
教学内容丰富	12	关注语文基础知识,同时挖掘语文知识的趣味性。					4	3	2	1	
		联系现实生活、学生经验,注意实际应用。					4	3	2	1	
		注意教材内容的整合。					4	3	2	1	
教学过程活泼	30	创设富有童趣的教学情景,营造生动活泼的课堂氛围。					6	5	4	3	
		注意学生在教师引领下对知识的自主建构性。					6	5	4	3	
		关注课堂教学的情感性。					6	5	4	3	
		尊重小学生身心发展的阶段性规律。					4	3	2	1	
		师生积极有效互动,学生在教师的引导下自主、合作、探究学习。					4	3	2	1	
		课堂成为学生活跃思想、交流情感、展示自我的乐园。					4	3	2	1	

续 表

评价项目	分值	评价要点	评价等级 A B C D	小计
教学方法灵动	20	注重趣味教学,调动学生的多种感官进行学习,激发学生学习的兴趣。	4 3 2 1	
		面向全体学生,关注个性发展。	4 3 2 1	
		能调动学生参与、合作、探究、体验,发挥学生的主动性。	4 3 2 1	
		教学语言生动活泼,板书设计呈现富有逻辑性。	4 3 2 1	
		娴熟使用现代教育技术和制作教具,呈现多姿多彩的课堂。	4 3 2 1	
		掌握学科教学基本技能,教学组织形式灵活多样。	4 3 2 1	
教学评价多元	8	教学评价形式丰富多元。	4 3 2 1	
		教学评价能有效激励学生积极学习。	4 3 2 1	
评价意见			总分	

二、建设"童味社团",转变语文学习方式

为了使孩子在最佳的年龄段能接受祖国文化的熏陶,"童味社团"通过开设"童味诵读社""童味文学社""童味书法社",弘扬祖国优秀的传统文化,使孩子潜移默化地形成优良的道德思想和行为习惯,并逐渐完善自己的人格。

(一)"童味社团"的活动设计

结合孩子的实际情况,"童味社团"开展以下活动:

1. 童味诵读社。童味诵读社主要阵地在课前与课后,课前班级开展"课前一诵",通过朗读经典国学,熟读成诵,快乐积累,弘扬传统优秀文化,感受中华文化的魅力;课后,语文科组以年级为单位,开展"经典诵读比赛""童味诗配画比赛""童味诗词大会""古诗文诵读先进班评比"等活动,来丰富童味诵读社团活动,体验诵读乐趣,让诵读润化童心。

2. 童味文学社。童味文学社成员以四至六年级学生为主,以各班语文老师推荐与

自愿报名相结合的方式让学生参加。文学社的正、副社长由学生担任,由指导教师具体策划与落实童味文学社的各项活动。文学社每周由专门的老师开展阅读指导、写作讲座、日记交流、参观采访、评比、编报等一系列丰富多彩的活动,培养学生的习作兴趣,提高学生的习作水平,并通过将他们的优秀习作进行校内展板展出、校刊校报发表、广播站推广、征文获奖等所产生的荣誉感和激励效应,激发一大批学生习作的兴趣。

3. 童味书法社。童味书法社以培养兴趣为主要目的,一至六年级学生均可自愿报名参加,由学校专门的书法老师来组织实施。书法老师主要负责对学生进行硬笔书法指导,收集每个孩子的书法作品,期末举办书画作品展览,展示学生的学习成果。

(二)"童味社团"的评价要求

"童趣社团"的评价维度分为四个大类别:内容丰富、过程积极、参与主动、能力提升(具体见表1-5):

表1-5 广州科学城实验小学"童味诵读社"评价表

评价项目	评价内容	得分
内容丰富(25分)	社团活动内容要丰富多彩,遵循学生的身心特点,让学生找到自己最感兴趣的内容。	
过程积极(25分)	学生积极主动参与,在社团中能获得积极、愉悦的情感体验。	
参与主动(25分)	在社团中,学生动手、动口、动脑,多种感官参与,能主动参与合作交流,探究学习。	
能力提升(25分)	学生在社团中能得到能力的提升和情感的熏陶,教师也能提升自己组织社团的能力和教育教学能力。	
综合评价(100分)		

三、设立"童味读书节",激发语文学习兴趣

围绕"童味语文"理念,引导学生多读书,读好书,激发读书兴趣,提高阅读能力,展现个性,抒发真情,放飞梦想。我校设立丰富多彩的"童味读书节",为学生提供展现自

我的"童心舞台",鼓励学生积极参与各种活动,并产生榜样作用和示范效应。

(一)"童味读书节"活动设计

根据"童味语文"的理念,"童味读书节"开展以下系列活动。

1. 读书节启动仪式。学校每年3月上旬通过校园公众号、少先队红领巾广播站、橱窗板报、倡议书及全体师生动员会等多种形式举行读书节启动仪式,向广大师生及家长明确本届读书节活动主题、活动内容,倡导师生、亲子共读,鼓励全体师生积极投入到读书节的各项活动中,以书籍为伴,以读书为乐,以读书为荣,在书海中汲取智慧的营养。

2. 童味讲故事大赛。讲故事比赛由语文科组确定主题,面向一至三年级全体学生。初赛由各班级组织开展,评选出10名"故事大王"。初赛结束后每班推荐2名优秀"故事大王"参加年级比赛,并按20%、30%、50%分别评出年级的一、二、三等奖,颁发奖状。

3. 童味征文比赛。征文比赛由语文科组确定主题,面向四至六年级全体学生。初赛由各班级组织,通过评选择优选送10篇优秀作品报送到语文科组参加决赛,由语文科组组织评奖,各年级分别按照15%、35%、50%评出年级一、二、三等奖,颁发奖状。

4. 童味演讲比赛。演讲比赛由语文科组确定主题,面向四至六年级全体学生。初赛由各班级组织,班内评选出10名"小小演说家",并推荐2名优秀者参加学校决赛。决赛由语文科组组织,采取现场评分、现场公布结果的形式,分别按照15%、35%、50%评出一、二、三等奖,颁发奖状。

5. 童味书签制作比赛。书签制作比赛面向一、二年级全体学生,书签内容可以是推荐的好书相关内容的介绍,如名称、出版社、作者,或者从书中获得的启示;也可以是自己喜欢的名人名句、古典名著的名句名段等。初赛由班级组织,通过评选择优选10份优秀作品报送到语文科组统一评比,各年级分别按照15%、35%、50%评出年级一、二、三等奖,颁发奖状。

6. 课外阅读卡评比。课外阅读卡评比面向一至六年级学生,以阅读本班指定的图书为主,在老师指导阅读的基础上认真阅读书本后,把自己的感受和启发写在阅读卡上。各班择优评选10份优秀作品报送到教导处,由语文科组组织评选,各年级分别按照15%、35%、50%评出年级一、二、三等奖,颁发奖状。

7. 古诗词飞花令大赛。古诗词飞花令大赛以班级为单位,每班分为六组,每组6人。比赛共六轮,每一轮每班选派一组PK,由主持人提出关键字,如"花""山""春"

"月"等诗词中出现的高频字,每组依次对句,不得重复,对不上的组采用淘汰方式,以淘汰的先后计分。六轮结束后计算每班的得分情况,按成绩高低评选名次。

(二)"童味读书节"评价标准

为激励师生积极参与活动,提高语文素养,语文科组结合以下评价,表彰优秀班级、个人及指导老师,并颁发奖状。其评价维度分为四个大类别:展示内容、表演技能、表达能力、仪表形象(具体见表1-6):

表1-6 广州科学城实验小学"童味读书节"评价表

评价项目	评价内容	得分
展示内容(20分)	内容积极进取、精彩具体,情节完整。	
表演技能(30分)	表演生动,富于吸引力,感情充沛,有适当的动作手势。	
表达能力(40分)	语言准确流畅,条理清楚,语音、语调规范,吐字清晰。	
仪表形象(10分)	仪表整齐、仪态大方、体态自然。	
综合评价(100分)		

四、开启"童味之旅",连接语文与实践的桥梁

"童味之旅"是我校在孩子金色的童年中为了培养他们坚毅的精神品质,让学生边走边学,快乐有趣地学习而开设的一项课外实践活动。学生在学习中处于主体地位,通过"童味之旅",学生参与其中,在旅行中学习,在旅行中成长。

(一)"童味之旅"的活动设计

黄埔军校位于广州黄埔长洲岛,是中国现代史上最著名的一所军事学校,培养了许多在抗日战争和国共内战中闻名的指挥官,这为我校开展"童味之旅——重走黄埔军校之路"活动提供了良好的资源。

1. 资料查阅。师生通过上网搜索、查阅书籍、请教别人等方式,了解黄埔军校历史,学习黄埔军校名人故事,设计童味之旅路线。

2. 实地考察。以班级为单位,班主任组织学生分成若干学习小组,以小组为单位

开展活动,以安全第一为原则,根据前期制定好的计划,由小组长带队开展。实地参观孙中山故居、孙中山纪念碑、东征烈士陵园、校本部等景点,近距离地感受历史遗迹。

3. 交流汇报。小组以手抄报、多媒体课件、视频、照片等形式展现重走黄埔军校之路的学习体会。以小组为单位,班主任组织在班级内开展。根据"童味之旅"三个环节的实施情况,综合选出3个"童味之旅标兵小组",给予表彰。

(二)"童味之旅"的评价要求

"童趣之旅"坚持"安全第一"的原则,以"边走边学,快乐有趣地学习"为宗旨,其评价维度分为四个大类别:内容有趣、过程安全、参与主动、能力提升(具体见表1-7):

表1-7 广州科学城实验小学"童味之旅"评价表

评价项目	评价内容	得分
内容有趣(25分)	充分发挥学生的主动性,遵循学生的身心特点,让学生在旅行的过程中找到自己最感兴趣的内容。	
过程安全(25分)	学生积极主动参与,在旅行中始终坚持"安全第一"的原则,能边玩边学,旅途中积极、愉悦。	
参与主动(25分)	在旅行中学生主动克服困难,能与小组成员主动进行合作交流,解决问题。	
能力提升(25分)	学生在社团中能学会制定活动计划,培养团结合作的精神,教师也提升自己组织活动的能力。	
综合评价(100分)		

五、深入"童味探究",探索文化宝盒里的秘密

"童味探究"是我校组织的由校内延伸至校外的具有综合性和实践性的语文探究活动,旨在培养孩子的合作探究能力和动手制作能力,拓展学生的语文思维能力,提升学生的语文素养。

(一)"童味探究"的活动设计

根据我校学生的实际情况,我校语文科组开展"遨游汉字王国""打开诗歌的大门"

"探寻中国传统节日的秘密"系列语文探究活动。

1. 遨游汉字王国。开展"走进汉字——了解汉字的起源与发展""与汉字为友——搜集有关汉字的故事或字谜""我写汉字我骄傲——听写汉字大赛""为汉字喝彩——手抄报和硬笔书法展示"系列活动。汉字探究课堂由老师指导学生搜集资料,引导学生通过展示、表演、推荐、猜字活动,感受汉字之美,激发孩子们的识字热情,引导孩子体验识字的乐趣。

2. 打开诗歌的大门。开展"诗歌拾贝""诗歌鉴赏""诗歌朗诵会""我们的小太阳诗集"系列活动。诗歌探究课堂交给学生自主策划、主持、展现,由两个小主持人带领学生走进诗歌国度,感受诗歌韵律。班级的手写图文诗集,封面、目录、封底也由孩子们自行创作。

3. 探寻中国传统节日的秘密。传统节日探究课堂以小组为单位开展,倡导走出课堂,走进民间,深入探究。各班级分组各自选择一个中国传统节日,探究其由来、庆祝方式、风俗习惯等,最后制作一段短视频进行介绍。

(二)"童味探究"的评价要求

根据"童味探究"的理念,其评价维度分为三个大类别:目标内容、活动过程、活动效果(具体见表1-8):

表1-8 广州科学城实验小学"童味探究"评价表

评价项目	评价内容	得分
目标内容(30分)	学生能在探究活动中获得亲身参与实践的积极体验和丰富经验,从探究活动中形成主动发现问题并独立解决问题的态度和能力,发展实践能力、对知识的综合运用和创新能力,养成合作、分享、积极进取等良好的个性品质。	
活动过程(40分)	学生能根据探究活动的需要,采用适当的组织形式,体现探究式学习方式;注重实践,丰富学生的体验,发展实践能力;自主活动,学生的主体性得到充分发挥,个性化的创造性得到表现;交流与合作能力得到提高。	

续　表

评价项目	评价内容	得分
活动效果(30分)	自主思考、设计、操作和解决问题,有真实的学习体验;学会与人协作交往,学会反思;知识面拓宽,综合运用知识的能力得到提高;探究和创新意识得到增强。	
综合评价(100分)		

总之,"童味教育"是我校的教育哲学,也是我们的课程追求。在"童味教育"的引导下,我们旨在开办一所富有儿童味的学校,让"童味"融入学校课程中,舞动童心,鼓舞童年,让童心飞扬,让童年绽放,陪伴孩子们幸福成长。这一教育价值取向,成为学校教育教学活动的基本要求,并落实到学校"童味语文课堂"课程开发、实施、评价过程中去。

(撰稿者:龙顺媚　周燕聪　王玉凤)

第二章
智慧数学：让儿童走进富含智性的数学世界

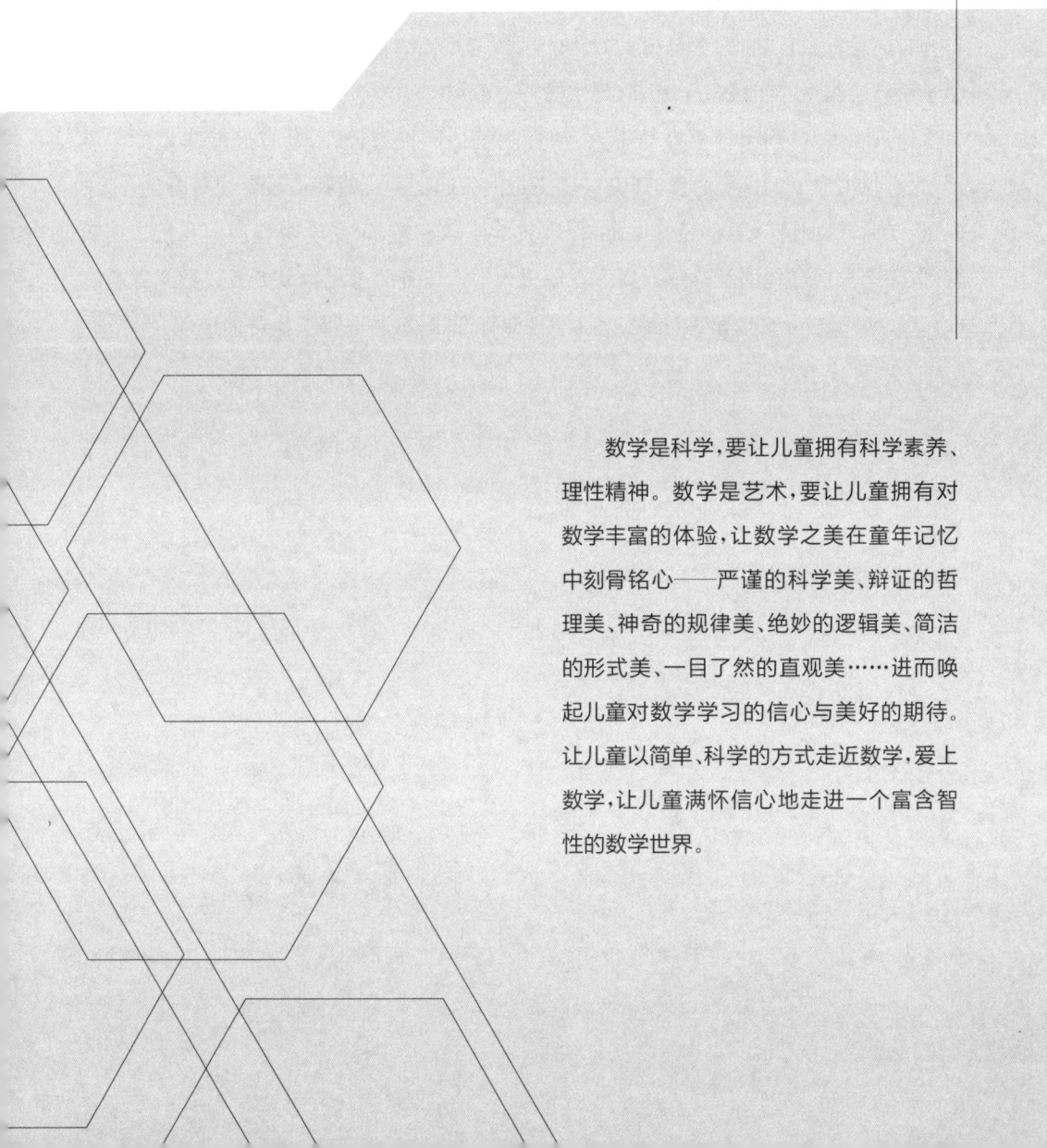

数学是科学，要让儿童拥有科学素养、理性精神。数学是艺术，要让儿童拥有对数学丰富的体验，让数学之美在童年记忆中刻骨铭心——严谨的科学美、辩证的哲理美、神奇的规律美、绝妙的逻辑美、简洁的形式美、一目了然的直观美……进而唤起儿童对数学学习的信心与美好的期待。让儿童以简单、科学的方式走近数学，爱上数学，让儿童满怀信心地走进一个富含智性的数学世界。

广州市科学城实验小学创办于1953年,是一所历史悠久、底蕴深厚的学校。学校以培养"雅举止,善合作;勤学习,喜探究;广兴趣,乐生活;爱运动,有自信"的科实小少年为育人目标。目前,数学科组共有14人,包括广东省南粤优秀教师1人,广州市数学学科教研组中心组成员1人,广州市数学学科特约教研员1人,广州市名教师工作室主持人1人,广州市骨干教师1人,师资队伍结构较为合理,既有经验丰富的老教师,又有承上启下的中坚力量,还有冲劲十足的后起之秀。教师们教育视野开阔,理念先进,专业基础扎实,教学经验丰富,课堂教学生动有趣,深受学生欢迎。我们依据教育部《关于全面深化课程改革 落实立德树人根本任务的意见》《义务教育数学课程标准(2022年版)》等文件精神,推进数学学科课程群建设,并取得了显著的成效。

第一节 孕育儿童智慧的数学

一、学科价值观

数学是研究数量关系和空间形式的科学。数学源于对现实世界的抽象,通过对数量和数量关系、图形和图形关系的抽象,人们能够得到数学的研究对象及其关系;基于抽象结构,通过对研究对象的符号运算、形式推理、模型构建等方式,形成数学的结论和方法,帮助人们认识、理解和表达现实世界的本质、关系和规律。数学不仅是运算和推理的工具,还是表达和交流的语言。数学承载着思想和文化,是人类文明的重要组成部分。数学是自然科学的重要基础,在社会科学中发挥着越来越重要的作用,数学的应用渗透到现代社会的各个方面,直接为社会创造价值,推动社会生产力的发展。随着大数据分析、人工智能的发展,数学的研究与应用领域不断拓展。

数学在形成人的理性思维、科学精神和促进个人智力发展中发挥着不可替代的作用。数学素养是现代社会每一个公民都应该具备的基本素养。数学教育承载着落实立德树人根本任务、实施素质教育的功能。义务教育数学课程具有基础性、普及性和发展性。学生通过数学课程的学习,掌握适应现代生活及进一步学习必备的基础知识和基本技能、基本思想和基本活动经验;激发学习数学的兴趣,养成独立思考的习惯和合作交流的意愿;发展实践能力和创新精神,形成和发展核心素养,增强社会责任感,树立正确的世界观、人生观、价值观[①]。

数学是一种智慧,数学教育是为了智慧的生长。智慧,工具书中多解释为"是对事物能认识、辨析、判断、处理和发明创造的能力";学术界多认为"智慧是一个包含知识、能力、情感、意志和价值观在内的复杂系统";教育专家认为"智慧是一种整体品质,它在情景中诞生和表现,以美德和创造为方向,以能力为核心,以敏感和顿悟为特征,以机智为主要表现形式,科学与人文素养的结合赋予它底蕴和张力。"

---

① 中华人民共和国教育部. 义务教育数学课程标准(2022年版)[S]. 北京:北京师范大学出版社, 2022:1.

智慧是一种能力,是抽象思考能力、适应环境能力、适应生命新情境的能力、获得知识的能力、从已有的知识和经验中获取教训的能力;智慧是对情景的感知、辨别与顿悟;智慧是一种行动,是一种全身心投入的实践,对数学教育工作者而言,是"具有把握对象实际面临的情境,及时作出决策和选择、调节教育行为的魄力",是"具有使学生积极投入学校生活、热爱学习和创造、愿与他人进行心灵对话的魅力[①]"。

数学教育家张奠宙先生说:"数学教育,自然以'数学'内容为核心。数学课堂的优劣,自然以学生是否能学好'数学'为依归。数学教学设计的核心是如何体现'数学的本质'、'精中求简'、'返璞归真',呈现数学特有的'教育形态',使得学生高效率、高质量地领会和体验数学的价值和魅力[②]。"这"数学的本质""精中求简""返璞归真",正是数学及数学教育应有的"智慧"形态。

二、学科课程理念

在不断的教学实践中,学校明确提出了"智慧数学"的学科理念,以智慧成就智慧课堂,以智慧课堂生成智慧,让学生主动参与、积极探索、思考、内化、建构,享受在玩数学的思维过程之中,感受数学学科的魅力。"智慧数学"追求小学数学教育的真义,人生需要智慧,数学造就智慧,智慧惠及人生,智慧数学造就智慧人生。

我校数学课程秉持"智慧数学"的学科理念,面向全体学生,适应学生个性发展的需要,强调让学生动手操作,通过外部的物化活动促进儿童内部言语活动的展开,积累思维活动经验,逐步形成自己的思维策略,使得人人都能获得良好的数学教育,不同的人在数学上得到不同的发展。

(一) 数学源于生活,是一种生活智慧

数学源于生活,服务于生活,所以数学的有趣体现在它建立了自身与生活的联系。我国著名数学家华罗庚曾经说过:"宇宙之大,粒子之微,火箭之速,化工之巧,地球之变,生物之谜,日用之繁,无处不用数学。"这就是对数学与生活关系的精彩描述。学习数学就是为了生活,数学用于生活。我们的数学教学应该从生活中选用与儿童生活背

[①] 叶澜.教师角色与教师发展新探[M].北京:教育科学出版社,2001:26.
[②] 张奠宙,赵小平.当心"去数学化"[J].数学教学,2005(06):52.

景有关的素材,激发学生的学习兴趣,引导他们积极思考、合作探究,并且在多种活动中提高解决实际问题的能力,让学生真正体验到数学的确源于生活。

(二) 数学是一种工具,是思维的智慧

数学为其他学科提供了语言、手段、思想和方法,具有工具性。从育人角度来看,数学学习中所蕴含的数学思想方法,才是学生终身发展所需的关键能力,这是数学学习的真正意义所在。数学思想,是指现实世界的空间形式和数量关系反映到人们的意识之中,经过思维活动而产生的结果。数学思想是对数学事实与理论经过概括后产生的本质认识;基本数学思想则是体现或应该体现于基础数学中的具有奠基性、总结性的最广泛的数学思想,它们含有传统数学思想的精华和现代数学思想的基本特征,并且是历史的、发展着的。通过数学思想的培养,学生的数学能力才会有大幅度的提高。掌握数学思想,就是掌握数学的精髓。数学是一个思想领域,它为我们提供了有关清晰、精确思维的必要和明确的知识。

(三) 数学是一种语言,是符号的智慧

数学语言是传递数学知识、表达数学思想方法、体现数学学科特性的专业语言。在全球化从一般领域到高科技领域变迁的过程中,教育也从重视一般语言向重视学科语言转变。数学语言因其自身简洁、凝练、准确等特点,在自然科学、人文学科等领域具有广泛的应用,逐渐成为学科语言的核心。数学语言无处不在,只要接触了数学,深入挖掘知识的本质特征,就会发现数学语言的存在。从认数到加减乘除、到用字母表示数、到方程,小学生的数学学习在不断地深入,数学语言系统也逐渐丰富起来。在应用数学语言、发展数学思维的过程中,学生勤于思考、善于质疑的良好习惯得以获得培养。

(四) 数学是一种文化,是看待世界的智慧

数学是人类文化的重要组成部分。数学课程应适当反映数学的历史、应用和发展趋势,数学对推动社会发展的作用,数学的社会需求,社会发展对数学发展的推动作用,数学科学的思想体系,数学的美学价值,数学家的创新精神。通俗来说,数学文化是指数学的思想、精神、方法、观点、语言及数学家的创新精神、数学史、数学美学及数学发展中的人文成分。当我们真正把数学文化的魅力渗入教材、送达课堂、深入教学时,数学就会平易近人,这能让大家通过文化层面更容易地理解数学、喜欢数学、热爱数学。将数学文化引入课堂,会使我们的课堂变得更加丰满,有助于学生形成良好的数学观。

　　总之,数学是一种智慧,它可以帮助我们更好地认识自然,了解世界,适应生活;它可以促进我们有条理地思考,有效地表达与交流,运用数学去分析问题和解决问题;它可以发展我们的主动性、责任感和自信心,培养我们实事求是的科学态度和勇于探索的创新精神。这种智慧包含数与形的美妙、具体和抽象的思辨、建设和超越的自由精神。"智慧数学"是小学数学课程核心内容的凝练表述和理论主张,"智慧数学"是学生智慧生长的实践载体。

第二节 发展儿童的数学素养

《义务教育数学课程标准(2022年版)》[①]指出,课程目标要以学生发展为本,以核心素养为向导,进一步强调学生数学基础知识、基本技能、基本思想和基本活动经验(简称"四基")的获得与发展,发展运用数学知识和方法发现、提出、分析和解决问题的能力(简称"四能"),形成正确的情感、态度和价值观。课程的总体目标是:"通过义务教育阶段的数学学习,学生逐步会用数学的眼光观察现实世界,会用数学的思维思考现实世界,会用数学的语言表达现实世界。"

一、学科课程总体目标

依据《义务教育数学课程标准(2022年版)》的要求,立足学生核心素养发展,集中体现数学课程育人价值,我校将"智慧数学"课程总体目标分为数学"四基"目标、数学"四能"目标、情感态度目标三个方面进行阐述。

(一)数学"四基"目标

通过义务教育阶段的学习,学生能获得适应未来生活和进一步发展所必需的数学基础知识、基本技能、基本思想、基本活动经验。

学生经历数与代数的抽象、运算与建模等过程,掌握数与代数的基础知识和基本技能;经历图形的抽象、分类、性质探讨、运动、位置确定等过程,掌握图形与几何的基础知识和基本技能;经历在实际问题中收集和处理数据、利用数据分析问题获取信息的过程,掌握统计与概率的基础知识和基本技能;参与综合实践活动,积累综合运用数学知识、技能和方法等解决简单问题的数学活动经验。

引导学生建立数感、量感、符号意识和空间观念,初步形成几何直观和运算能力,发展形象思维与抽象思维;体会统计方法的意义,发展数据分析观念,感受随机现象;在参与观察、实验、猜想、证明、综合实践等数学活动中,发展合情推理和演绎推理能

[①] 中华人民共和国教育部.义务教育数学课程标准(2022年版)[S].北京:北京师范大学出版社,2022:2,11.

力,清晰地表达自己的想法;学会独立思考,体会数学的基本思想和思维方式。

(二) 数学"四能"目标

通过义务教育阶段的学习,学生能体会数学知识之间、数学与其他学科之间、数学与生活之间的联系,在探索真实情境所蕴含的关系中,发现问题和提出问题;运用数学和其他学科的知识与方法分析问题和解决问题,增强应用意识,提高实践能力;获得分析问题和解决问题的一些基本方法,体验解决问题方法的多样性,发展创新意识;学会与他人合作交流;初步形成评价与反思的意识。

(三) 情感态度目标

通过义务教育阶段的学习,学生能对数学具有好奇心和求知欲,了解数学的价值,欣赏数学美,提高学习数学的兴趣,建立学好数学的信心,养成良好的学习习惯,形成质疑问难、自我反思和勇于探索的科学精神。

总之,我校秉承"智慧数学"的理念,围绕以上三个课程目标,在思维发展中培养学生的学科核心素养,培养具有应用意识和创新能力的学生。

二、学科课程年段目标

依据数学课程总目标以及国家统编教材和教师教学用书,我们厘定了六年的课程目标。这里以三年级为例说明(见表2-1):

表2-1 广州科学城实验小学"智慧数学"三年级课程目标表

	上学期	下学期
第一单元	共同要求 1. 认识时间单位"秒",经历运用钟表模型探究分与秒之间关系的过程,知道1分钟等于60秒,能选择合适的单位和工具对时间进行度量,渗透数形结合思想。 2. 结合生活经验体验时间的长短,初步建立分、秒的时间观念,会用一定的方法估计时间。	共同要求 1. 结合具体情境,认识东、南、西、北、东北、西北、东南、西南八个方向,能够用给定的一个方向(东、南、西、北)辨认其余三个方向,并能用这些词语描述物体所在的方向。 2. 能看懂简单平面图,知道平面图是根据上北、下南、左西、右东的方位绘制,初步形成辨认方向、表达与交流物体所在方向的能力,形成辨认物体行走路线的能力。

续 表

	上学期	下学期
	3. 结合具体的生活情境,体会时刻与经过时间的区别与联系,能解决简单的实际问题,渗透转化思想。 校本要求 初步建立时、分、秒的时间观念,养成遵守和爱惜时间的意识和习惯。	3. 能用所学的方向知识解决生活中的简单实际问题,发展空间观念。 校本要求 认识简单的线路图。
第二单元	共同要求 1. 能正确口算两位数加、减两位数(和在 100 以内),能正确计算几百几十加、减几百几十。 2. 在解决具体问题的过程中,能用合适的方法进行加、减法估算,提高估算意识和能力。 3. 能根据具体问题选择适当方法解决实际问题,体验解决问题策略的多样化。 校本要求 感受估算在日常生活中的作用,培养数学的应用意识。	共同要求 1. 经历口算除法的探索过程,会口算除数是一位数,商是整十、整百、整千的数以及一位数除几百几十(或几千几百)的除法。 2. 经历一位数除多位数笔算的探索过程,掌握一般的笔算方法,能正确地计算一位数除多位数,并能用乘法验算除法。 3. 经历在具体的情境中用估算解决问题的过程,掌握一位数除多位数的除法估算的一般方法,增强估算意识,养成估算的习惯。 4. 经历解决问题的过程,学会简单地、有条理地思考,能够灵活选择合适的计算方法解决简单的实际问题。 5. 能够积极参与探索计算方法和解决问题的活动,积累数学活动经验,同时培养认真计算、书写工整的习惯。 校本要求 感受估算在日常生活中的作用,培养数学的应用意识。
第三单元	共同要求 1. 结合生活实际,经历实际测量的过程。在实践活动中认识长度单位毫米、分米和千米,建立 1 毫米、1 分米的长度观念,明确毫米、厘米、分米、米和千米之间的进率。认识质量单位吨,知道吨和千克之间的关系。 2. 知道常用的长度单位间、质量单	共同要求 1. 在具体的统计活动中认识复式统计表,能根据收集、整理的数据填写统计表,并能根据统计表的数据进行简单的分析。 2. 在认识、填写、分析复式统计表的过程中,进一步理解统计方法,培养数据分析观念。 3. 进一步体会统计与现实生活的密切联系,感受学习数学的乐趣,树立学好数学的信心。

续 表

	上学期	下学期
	位间的关系,会进行简单的单位换算。 3. 能估计一些物体的长度和质量,会选择合适的单位及工具进行测量。 **校本要求** 感受数学与生活的密切联系,学习用列表法分析问题和解决问题,体验与他人合作交流解决问题的过程。	**校本要求** 进一步理解统计方法,培养数据分析观念。
第四单元	**共同要求** 1. 能正确计算三位数加、减三位数,感悟类比思想在数学学习中的应用。 2. 理解验算的意义,会对加法和减法进行验算,初步养成检查的习惯。 3. 经历计算法则的形成过程,在与他人交流各自计算方法的过程中优化自己的计算方法。 4. 能结合实际情境选择计算策略,解决相关的实际问题,培养估算意识和能力。 **校本要求** 养成认真计算和检查的好习惯,激发对数学的学习兴趣。	**共同要求** 1. 掌握两位数、几百几十数乘一位数(进位),两位数乘整十数、整百数(不进位),整十数乘几百几十数(不进位)的口算方法,体会计算方法的多样化。 2. 经历两位数乘两位数的计算过程,理解算理,掌握两位数乘两位数的计算方法。 3. 在探索计算方法和解决问题的过程中,经历从实际生活中发现问题、提出问题、分析问题、解决问题的过程,学会用两步计算和不同的方法来解决问题。 4. 能够运用所学的知识解决生活中的简单问题,感受数学在日常生活中的应用,初步形成综合运用数学知识解决问题的能力。 **校本要求** 培养分析和解决问题的能力,发展数感、转化思想、模型思想和几何直观。
第五单元	**共同要求** 1. 了解并认识倍,理解"几倍"和"几个几"的联系。 2. 学会解决"求一个数是另一个数的几倍""一个数的几倍是多少"的实际问题,提升解决问题的能力,在解决问题的过程中培养几何直观,渗透模型思想。	**共同要求** 1. 认识面积的含义,能用自选单位估计和测量图形的面积,体会引进统一的面积单位的必要性,认识面积单位平方厘米、平方分米、平方米,建立1平方米、1平方分米、1平方厘米的表象;熟悉相邻两个面积单位之间的进率,会进行简单的单位换算。 2. 探索并掌握长方形、正方形的面积,能估计给定的长方形、正方形的面积。

续 表

	上学期	下学期
	校本要求 提高分析问题和语言表达等的能力,感受数学与实际生活的联系。	3. 感受数学与现实生活之间的联系,初步学会用所学的有关面积的知识解决简单的实际问题,进一步体会解决问题的一般步骤,知道可以用不同的方法解决问题;逐步培养分析问题和解决问题的能力。 校本要求 感受数学与生活的联系,体验由特殊到一般的思维方法,激发学习的兴趣。
第六单元	共同要求 1. 能够比较熟练地口算整十、整百数乘一位数,两位数乘一位数(不进位)。 2. 经历多位数乘一位数的计算过程,明白竖式中每一步计算的含义,掌握多位数乘一位数的计算方法。 3. 能够运用所学的知识解决日常生活中的简单问题,提高解决问题的能力。 校本要求 1. 能够运用估算判断乘法得数的范围,提高数感。 2. 能提出乘法计算问题,提高估算意识和提出问题的能力,体会数学在实际问题中的应用。	共同要求 1. 认识时间单位年、月、日,了解它们之间的关系;知道大月、小月及相关知识;知道平年、闰年等方面的最基本知识。 2. 了解24时计时法,会用24时计时法表示时刻;初步理解时间和时刻的意义,会计算简单的经过时间。 3. 建立时间观念,养成遵守和爱惜时间的意识和习惯。 校本要求 体会简单的时间计算在生活中的应用,建立时间观念。
第七单元	共同要求 1. 通过观察、操作等活动,认识四边形,进一步认识长方形、正方形的特征。 2. 结合实例知道周长的含义,能测量简单图形的周长,探索并掌握长方形、正方形的周长公式。 3. 能根据长方形、正方形的周长公式,解决生活中的实际问题,感受	共同要求 1. 结合具体情境和几何直观图,了解小数的含义,能认、读、写不超过两位的小数,并能运用小数表示日常生活中的一些事物,感受小数与实际生活的密切联系,发展符号化思想、数形结合思想和变中有不变思想。 2. 经历比较的过程,学会比较一位小数的大小,能解决比较简单的小数比较问题。 3. 在具体情境中体会小数加、减法的算理,会正

续表

	上学期	下学期
	数学与生活的联系。 校本要求 通过多种活动,发展空间观念和推理能力,渗透类比及模型思想。	确计算一位小数加、减法,并能解决简单的实际问题。 校本要求 感受"数学源于生活,又服务于生活"的理念。
第八单元	共同要求 1. 结合具体情境,通过操作活动初步认识几分之一和几分之几;会读、写简单的分数;能比较简单分数的大小;会计算简单的同分母分数的加减法。 2. 通过操作活动,进一步认识分数,知道把一些物体看作一个整体平均分成若干份,其中的一份或几份也可以用分数表示,能解决有关分数的简单实际问题。 3. 感悟数形结合的数学思想和方法,发展数感;体会分数在实际生活中的应用和价值。 校本要求 结合生活实例和具体操作,感受和直观认识分数的含义,通过简单分数的大小比较,初步建立分数的概念。	共同要求 1. 经历寻找稍复杂事物排列数或组合数的过程,掌握简单搭配的方法,发展有序、全面思考问题的能力。 2. 经历"数学化"的过程,能用比较简洁、抽象的方式进行表达,体会分类讨论思想、数形结合思想、符号化思想。 3. 探索解决问题的有效策略,感受数学在生活中的广泛应用,增强学习数学的兴趣。 校本要求 进一步培养有序、全面思考的能力。
第九单元	共同要求 1. 经历解决问题的过程,了解简单的集合知识,初步感受它的意义。 2. 学会借助韦恩图,分析理解重叠实际问题。 校本要求 体会集合的概念及集合的运算,学习用集合的思想方法思考和解决简单的实际问题。	

第三节　全面感悟数学的独特魅力

《义务教育数学课程标准(2022年版)》指出,数学课程内容是实现课程目标的重要载体。教师在课程内容选择上,要保持相对稳定的学科体系,体现数学学科特征;关注数学学科发展前沿与数学文化,继承和弘扬中华优秀传统文化;与时俱进,反映现代科学技术与社会发展需要;符合学生的认知规律,助力学生理解、掌握数学的基础知识和基本技能,形成数学基本思想,积累数学基本活动经验,发展核心素养[1]。依据"智慧数学"课程基本理念,在实施基础课程的同时,聚焦"智慧数学"课程目标,我校开发出了丰富的数学学科拓展课程,构建了相互补充、相互促进的课程体系,适应学生个性发展的需求。

一、学科课程结构

依据国家教育方针政策,我校的基础课程,主要以国家统编教材为教学媒介,全面有效实施国家课程。根据《义务教育数学课程标准(2022年版)》,义务教育阶段数学课程内容由数与代数、图形与几何、统计与概率、综合与实践四个学习领域组成。"智慧数学"课程依据课程标准,秉承学科课程哲学,结合小学生的年龄发展特点以及我校的育人目标而自主开发,具体分为"智慧运算""智慧空间""智慧数据""智慧实践"四大板块。我们坚持以数学思维训练为核心,力促学生数学综合素养的不断提高,让学生在乐学、会学、善学的思维体操运动中,感受到数学学习的独特魅力,不断增强学好数学的信心。具体课程结构见图2-1所示。

下图中,各板块课程具体描述如下:

(一) 智慧运算

内容为数的运算及和运算相关联的趣味游戏等。开设的课程有"快乐计算""计算

---

[1] 中华人民共和国教育部. 义务教育数学课程标准(2022年版)[S]. 北京:北京师范大学出版社,2022:2—3.

图 2-1 "智慧数学"课程结构图

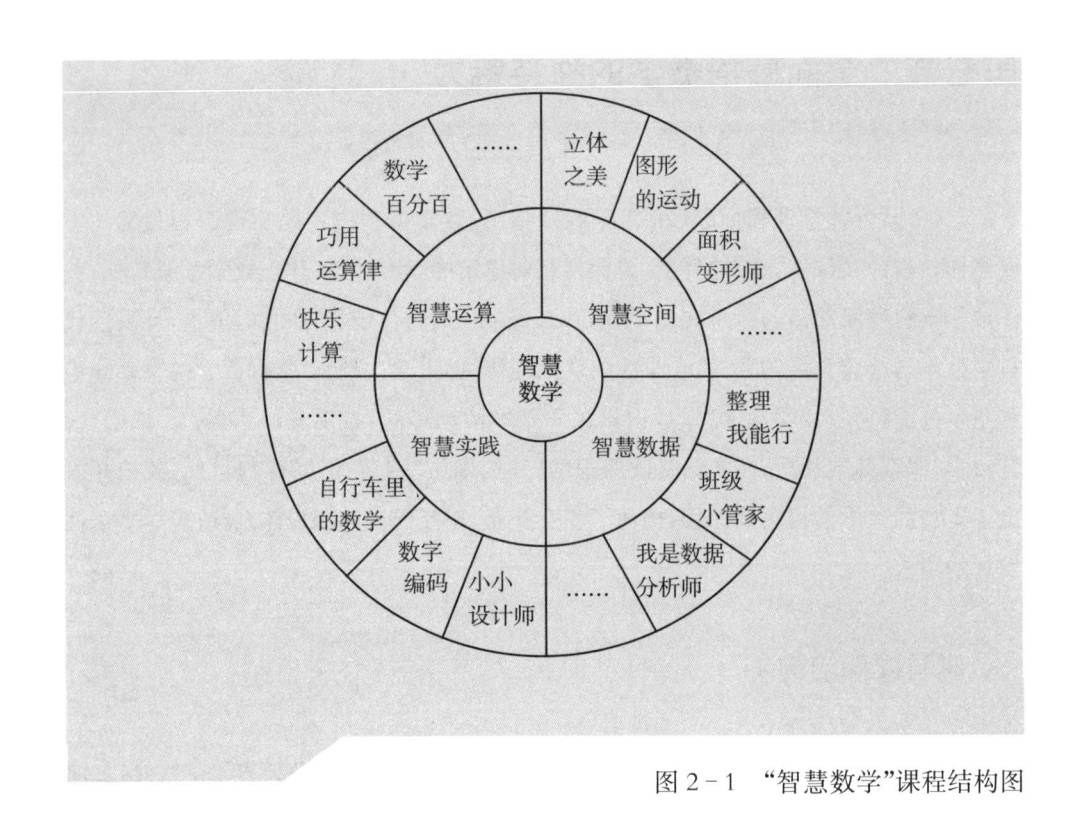

能手""巧用运算律""数学百分百"等 12 门课程。"数与代数"是小学数学基础课程的重要领域,开设与"数与代数"相关联的拓展课程,旨在建立学生的数感,发展学生的运算能力,激发学生学习数学的兴趣,更有助于学生理解运算的算理、寻求合理简洁的运算途径解决问题。

(二) 智慧空间

内容为拼搭图形、创造图形,以及设计创造空间模型。开设的课程有"立体之美""图形的运动""校园中的测量""面积变形师""体积中的学问"等 12 门课程。"图形与几何"是小学数学基础课程的重要领域,我校开设与"图形与几何"相关联的拓展课程,注重发展学生的空间观念,指导学生经历拼搭图形的过程,体会图形之间的联系与变化,在活动中提高动手操作的能力,发展初步的创新意识,感受图形之美。

(三) 智慧数据

内容为数据的分类、收集、整理、分析,感受简单的随机事件,理解其结果发生的可能性有大有小。开设的课程有"整理我能行""班级小管家""我是数据分析师""小小调查员"等12门课程。"统计与概率"是小学数学基础课程的重要领域,我校开设与"统计与概率"相关联的拓展课程,注重发展学生的数据分析观念,让学生经历在实际问题中收集和处理数据、利用数据分析问题、获取信息的过程,掌握数据收集、整理和分析的方法,能对数据进行归类,体验数据中蕴含的信息。

(四) 智慧实践

内容为创设生活情境,解决生活中真实存在的问题,开设的课程有"制作玩具表""我会购物""小小设计师""数字编码""自行车里的数学"等12门课程。"综合与实践"是小学数学基础课程的重要领域,我校开设与"综合与实践"相关联的拓展课程,在于培养学生通过与综合应用有关的知识与方法解决实际问题的能力,培养学生的问题意识、应用意识和创新意识,积累学生的活动经验,提高学生解决现实问题的能力。

二、学科课程设置

"智慧数学"以课程目标的达成和核心素养的落实为出发点,围绕"数学造就智慧"的学科理念,除了基础课程之外,"智慧数学"课程设置如下表所示(见表2-2):

表2-2 广州科学城实验小学"智慧数学"课程设置表

课程类别 名称 年级		智慧运算	智慧空间	智慧数据	智慧实践
一年级	上学期	快乐计算(1)	立体之美	数学乐园	制作玩具表
	下学期	快乐计算(2)	美丽的图形	整理我能行	我会购物

续 表

年级 \ 课程类别名称		智慧运算	智慧空间	智慧数据	智慧实践
二年级	上学期	计算能手(1)	角的世界	班级小管家	量一量，比一比
	下学期	计算能手(2)	图形的运动	小小采购员	小小设计师
三年级	上学期	分数的认识	校园中的测量(1)	作息时间表	数字编码
	下学期	小数点的奥秘	校园中的测量(2)	小小调查员	制作日历
四年级	上学期	寻根究底	巧数图形	小小气象员	1亿有多大
	下学期	巧用运算律	巧算内角和	蒜苗节节高	营养午餐
五年级	上学期	小数乘除法	面积变形师	可能性	抽奖大转盘
	下学期	图解分数	体积中的学问	我是数据分析师	打电话
六年级	上学期	数学百分百	"圆"来如此	节约用水	确定起跑线
	下学期	理财高手	圆柱与圆锥	设计秋游方案	自行车里的数学

三、学科课程内容

"智慧数学"课程的课程框架如下所示(见表2-3)：

表2-3　广州科学城实验小学"智慧数学"课程框架表

年级	名称	课程类别 课程名称	课程内容
一年级	上学期	快乐计算(1)	1. 知道20以内进位加法的基本计算方法,能熟练、准确地口算20以内的进位加法。 2. 学会用加法解决简单的实际问题。
		立体之美	1. 在分类、观察、动手操作等活动中,直观认识长方体、正方体、圆柱和球等立体图形,并能够辨认和区别这些图形。 2. 在拼、摆、搭等活动中,获得对简单几何体的直观体验,并进一步认识立体图形的显著特征。 3. 在对生活中的实际物体进行分类的活动中渗透分类的思想。
		数学乐园	1. 通过参与游戏活动,初步感受做事情要遵守规则的重要性。 2. 在游戏过程中,学会调用以前的知识、经验解决生活中常见的问题,感受数学与生活的联系,培养合作和交流的能力。 3. 感受梳理知识的重要性,体会归纳整理知识的好处。
		制作玩具表	1. 结合生活经验,学会认、读、写整时。 2. 初步建立时间观念,从小培养珍惜和遵守时间的良好习惯。 3. 培养观察能力。
	下学期	快乐计算(2)	1. 借助操作、画图等方式,理解20以内退位减法的算理,掌握20以内退位减法的基本计算方法,能熟练、准确地口算20以内的退位减法。 2. 借助小棒、计数器等直观学具,理解100以内加法和减法口算的算理,能口算100以内整十数加、减整十数和两位数加、减一位数和整十数的式题。 3. 通过数学学习,感受100以内的加减法和20以内的加减法之间密切的联系,体会数学的价值。
		美丽的图形	1. 直观认识长方形、正方形、平行四边形、三角形和圆等平面图形,能够辨认和区分这些图形。 2. 通过拼、摆、画、折等活动,直观感受所学平面图形的特征。 3. 通过观察、操作,感受所学图形之间的关系。

续 表

课程 类别 名称 年级	课程名称	课程内容
	整理我能行	1. 能够根据给定的标准或自己选定的标准进行分类,体验分类结果在单一标准下的一致性和不同标准下的多样性。 2. 经历简单的数据整理过程,能够用自己的方式呈现分类的结果。 3. 能够对数据进行简单的分析,并能根据数据提出简单的问题。
	我会购物	1. 认识人民币的单位,知道相邻人民币单位之间的进率。 2. 认识各种常用面值的人民币,了解各面值人民币之间的关系,并会进行简单的计算。 3. 通过购物活动,初步体会人民币在社会生活、商品交换中的作用,初步了解简单的货币文化,并知道爱护人民币。
二年级 上学期	计算能手(1)	1. 借助小棒、圆片等直观学具,理解100以内的两位数加减两位数的算理,能正确地计算100以内的两位数加减两位数的式题。 2. 能够运用所学的100以内的加减法知识解决一些简单的实际问题。 3. 在具体情境中理解乘法运算的意义,知道乘法算式各部分的名称。 4. 经历编制乘法口诀的过程,知道乘法口诀是怎样得来的,熟记乘法口诀,会用乘法口诀熟练口算有关乘法算式。 5. 会用画图、语言叙述等方式表现理解问题和分析问题的过程,能运用加法、减法、乘法解决简单的实际问题。 6. 通过编制乘法口诀的活动,初步学会运用类比推理的方法学习新知识。 7. 通过记忆乘法口诀的活动,初步形成评价与反思的意识,体验活动成功的乐趣。
	角的世界	1. 结合生活情境及操作活动,初步认识角,知道角各部分的名称,初步学会用尺画角。 2. 会运用角的知识解决简单的问题,培养解决问题的能力。 3. 培养初步的观察能力、动手操作能力,尝试从数学的角度去观察周围世界。

续 表

课程类别 名称 年级	课程名称	课程内容
下学期	班级小管家	1. 通过观察、猜测、操作等活动,了解发现最简单事物的排列数和组合数的基本思路、基本方法,初步培养有序、全面地思考问题的意识,初步体会排列与组合的思想。 2. 在发现最简单事物的排列和组合数的过程中,培养初步的观察、分析、推理,以及恰当地进行数学表达的能力。 3. 初步感受排列与组合的思想方法在日常生活中的应用,初步感受数学与生活的联系。
	量一量,比一比	1. 加深对厘米和米的认识,巩固用尺子量物体长度、高度的方法。 2. 通过测量自己和身边物品的高度、长度等实际活动,对所测对象形成清晰的表象认知,为以后估计、认识其他物品的长度提供更多的参考标准,进一步建立长度观念。
	计算能手(2)	1. 在具体情境中理解平均分及除法运算的含义,能进行平均分计算。 2. 初步认识乘法、除法之间的关系,能够比较熟练地运用乘法口诀求商。 3. 会用画图、语言叙述等方式表现理解问题和分析问题的过程,能运用加法、减法、乘法和除法解决简单的实际问题。 4. 通过操作、观察、对比等活动,发现日常生活中在分物时存在着分不完有剩余的情况,借此理解余数及有余数的除法的含义,初步培养全面思考的意识。 5. 通过操作、计算、比较等活动,经历除法竖式的书写过程,理解竖式中每个数所表示的意思,初步培养观察、分析以及恰当地进行数学表达的能力。
	图形的运动	1. 借助生活中的对称现象,通过观察、操作,直观认识轴对称图形,能够辨认轴对称图形。 2. 借助生活中的平移现象,通过观察、操作,初步理解图形的平移,能够辨认简单图形平移后的图形。 3. 借助生活中的旋转现象,通过观察、操作,初步理解旋转。 4. 能够用轴对称图形的知识解决简单的实际问题,继续培养解决问题的能力。

续 表

课程类别 名称 年级	课程名称	课程内容
	小小采购员	1. 通过掂一掂、估一估、称一称等活动,认识质量单位克和千克,会进行简单的单位换算。 2. 初步理解天平和常用的以"千克"为单位的秤,知道用秤称物体的方法,能够进行简单的计算。 3. 在初步建立1克和1千克的观念的基础上,会以此标准估量物体的质量,并能解决一些简单的实际问题;同时体会学习质量单位的必要性,进一步培养数感和量感。
	小小设计师	1. 能辨认出生活中的简单图案是由一个图形经过轴对称或平移等运动得到的。能在正方形中拼贴或设计图形,并将所设计的图形通过轴对称、平移等运动创造出自己喜欢的图案。 2. 能将同样的图案拼在一起,并根据实际,确定所观察成果的基本图形,会用自己的语言描述图形的运动。 3. 经历观察、操作及合作交流的过程,获得用图形的运动设计图案的基本方法,在想象图形运动的过程中发展空间观念。 4. 在欣赏图形运动所创作出的美丽图案的过程中,进一步感受轴对称、平移和旋转在生活中的广泛应用,感受数学的美,体会数学学习的价值。
三年级 上学期	分数的认识	1. 结合具体情况,通过操作活动初步认识几分之一和几分之几;会读、写简单的分数;能比较简单分数的大小;会计算简单的同分母分数的加、减。 2. 通过操作活动,进一步认识分数,知道把一些物体看作一个整体平均分成若干份,其中的一份或几份也可以用分数表示,能解决有关分数的简单实际问题。 3. 感悟数形结合的数学思想和方法,发展数感;体会分数在实际生活中的应用和价值。
	校园中的测量(1)	1. 结合生活实际,经历实际测量的过程。 2. 能测量简单图形的周长,能根据长方形、正方形的周长公式,解决生活中的实际问题。 3. 通过多种活动,发展空间观念和推理能力。

续 表

年级\课程类别名称	课程名称	课程内容
下学期	作息时间表	1. 能选择合适的单位和工具对时间进行度量。 2. 结合生活经验体验时间的长短,初步建立时间观念,会用一定的方法估计时间。 3. 结合具体的生活情境,体会时刻与经过时间之间的区别与联系,能解决简单的实际问题。 4. 培养估计意识,养成遵守和爱惜时间的习惯。
	数字编码	1. 通过观察、比较、猜测,初步探索数字编码的简单方法。 2. 初步学会用数字编码解决生活中的简单问题。 3. 体会数字在表达、交流和传递信息中的作用,体会符号思想。
	小数点的奥秘	1. 结合具体情况和几何直观图,了解小数的含义,能认、读、写不超过两位的小数,并能运用小数表示日常生活中的一些事物,感受小数与实际生活的密切联系。 2. 经历比较的过程,学会比较一位小数的大小,能解决比较简单的小数比较问题。 3. 在具体情境中体会小数加、减法的算理,会正确计算一位小数加、减法,并能解决简单实际问题。
	校园中的测量(2)	1. 结合实例认识面积的含义,能用自选单位估计和测量图形的面积,体会引进统一面积单位的必要性。 2. 探索并掌握长方形、正方形的面积公式,获得探究学习的经历,会应用公式正确计算长方形、正方形的面积,能估计给定的长方形、正方形的面积。 3. 感受数学与现实生活的联系,初步学会用所学的有关面积的知识解决简单的实际问题,进一步体会解决问题的一般步骤,知道可以用不同的方法解决问题,逐步培养分析和解决问题的能力。
	小小调查员	1. 在具体的统计活动中认识复式统计表,能根据收集、整理的数据填写统计表,并能根据统计表的数据进行简单的分析。 2. 在认识、填写、分析复式统计表的过程中,进一步理解统计方法,培养数据分析观念。 3. 进一步体会统计与现实生活的密切联系,感受学习数学的乐趣,树立学好数学的信心。

55

续 表

课程类别名称 年级	课程名称	课程内容
	制作日历	1. 综合运用年、月、日的知识和正方体的特征解决问题。 2. 探索日历的制作方法，培养有条理思考问题和解决问题的能力。
四年级 上学期	寻根究底	1. 认识万以上的数，认识计数单位，知道两个计数单位之间的关系。 2. 认识自然数，了解十进制计数法，掌握数位顺序表，会根据数级正确读、写大数，会比较大数的大小。 3. 会借助计数器进行大数的四则运算，探索简单的规律。 4. 体会和感受大数在日常生活中的作用，进一步发展数感。
	巧数图形	1. 通过观察、操作等活动，理解平行与垂直的概念。 2. 经历动手操作和自主探究的过程，掌握平行四边形和梯形的特征。 3. 通过分类、比较、归纳等多种方式，理解平行四边形、梯形、正方形、长方形之间的关系。
	小小气象员	1. 经历简单的数据收集、整理、描述和分析的过程，体会统计在现实生活中的作用，理解数学与生活的密切联系。 2. 初步认识条形统计图，能根据统计图中的数据回答并提出简单的问题，初步体会数据中蕴含着的信息。
	1亿有多大	1. 通过探究活动，借助对具体数量的感知，利用可想象的素材感受1亿的大小，发展数感。 2. 经历"猜想、实验、推理和对照"的过程，了解探究数学问题的一般过程和方法。
四年级 下学期	巧用运算律	1. 理解和探索加法交换律、结合律、乘法交换律、结合律和分配律，并能运用运算定律进行一些简便计算。 2. 能够结合具体情况，灵活选择合理的计算方法，培养用所学知识解决简单的实际问题的能力。
	巧算内角和	通过画、量、折、分等操作活动，经历探究过程，发现三角形内角和是180°，并在发现、提出、分析和解决问题的活动中，在边数增加的变化中感悟数学研究方法，发现多边形的内角和，渗透合情推理思想。

续 表

名称\年级	课程类别	课程名称	课程内容
		蒜苗节节高	每天记录蒜苗的生长高度,学习数据的收集、整理与归纳,体会数据在日常生活中的作用。
		营养午餐	1. 根据营养午餐的一些基本指标,运用简单的排列组合、统计等相关知识,了解怎样的搭配才是合理的营养午餐。 2. 体会探索的快乐,克服偏食、挑食的毛病,养成科学的饮食习惯。
五年级	上学期	小数乘除法	1. 理解和掌握小数乘法的算理和计算方法,能正确地进行小数乘法的计算和验算。掌握小数除法的计算方法,能正确地进行计算;能根据算式特点,合理选择口算、笔算、估算、简算等方法灵活计算。 2. 在解决有关小数乘法的简单实际问题过程中,理解估算的意义,初步形成估算意识,提高解决问题的能力。 3. 经历自主探索小数乘法的计算方法、理解算理和解释计算方法的过程,体会转化的数学思想,初步培养学习的迁移能力和推理能力。 4. 能应用小数除法及其他运算解决一些实际问题。
		面积变形师	1. 会用面积公式计算平行四边形、三角形和梯形的面积,解决生活中的一些简单实际问题。 2. 会把组合图形分解成已学过的平面图形,并计算它的面积。
		可能性	1. 在具体情境中,通过现实生活中的有关实例感受简单的随机现象,初步体验有些事件的发生是确定的,有些是不确定的。 2. 通过实际活动,能列出简单的随机现象中所有可能发生的结果。 3. 通过试验、游戏等活动,感受随机现象结果发生的可能性是有大小的,能对一些简单的随机现象发生的可能性大小作出定性描述,并能和同伴进行交流。

续 表

课程类别 名称 年级	课程名称	课程内容
下学期	抽奖大转盘	1. 以游戏形式探讨可能性的大小。 2. 在经历观察、猜想、试验、验证的过程中,综合利用所学的知识,探讨事件发生的可能性大小。
	图解分数	1. 知道分数是怎么产生的,理解分数的意义,明确分数与除法的关系。 2. 理解和掌握分数的基本性质,会比较分数的大小。 3. 理解分数加减法的含义和算理,掌握分数加减法的计算方法,并能正确地计算出结果。 4. 能用分数加减法解决简单的实际问题,体会数学知识的应用价值。
	体积中的学问	1. 通过观察、操作,认识长方体和正方体的特征以及它们的展开图。 2. 通过实例,理解体积的含义,认识常用的度量单位,会利用单位间的进率进行简单的换算。 3. 探索长方体、正方体的体积和表面积的计算方法,并能解决一些简单的实际问题。 4. 探索某些实物体积的测量方法。
	我是数据分析师	1. 认识单式折线统计图,了解其特点,能根据需要用折线统计图直观地表示数据。 2. 认识复式折线统计图及其特征,能根据需要选择折线统计图直观、有效地表示数据,并能对数据进行简单的分析和预测。 3. 结合统计知识的学习,进一步体会统计在生活中的意义和作用,提高数学学习的兴趣。
	打电话	1. 创设学生熟悉的"打电话"生活情境,用画图、列表格等方式,找到"打电话"的最优方案,经历有目的、有设计、有步骤、有合作的实践活动过程。 2. 进一步体验数学与生活的密切联系,经历针对具体问题提出设计思路、制定简单方案解决问题的过程,培养运用数学知识解决实际问题的能力。 3. 通过画图、列表格等方式发现事物隐含的规律,体会数形结合、推理、优化、模型等数学思想,进一步培养归纳推理和解决简单实际问题的能力。

续 表

名称\年级	课程类别	课程名称	课程内容
六年级	上学期	数学百分百	1. 理解百分数的意义,会正确地读、写百分数,会运用百分数表述生活中的一些数学现象。 2. 掌握小数、分数和百分数之间互化的方法。 3. 在理解、分析数量关系的基础上,正确解决有关百分数的实际问题。 4. 会把分数的知识和技能迁移到百分数上,体会类比的数学思想。
		"圆"来如此	1. 认识圆,学会用圆规画圆,掌握圆的基本特征。 2. 会利用直尺和圆规,设计一些与圆有关的图案。 3. 通过实践操作,理解圆周率的意义,理解和掌握圆的周长计算公式,并解决一些相应的实际问题。 4. 探索并掌握圆的面积计算公式,并解决一些简单的实际问题。 5. 认识扇形,掌握扇形的一些基本特征。 6. 经历尝试、探索、分析、反思等过程,积累数学活动经验,在解决一些与圆有关的数学问题的过程中,提高解决问题的能力。 7. 在推导圆的周长与面积的计算公式过程中,体会和掌握转化、极限等数学思想。 8. 通过生活实例、数学史料,感受数学之美,了解数学文化,提高学习兴趣。
		节约用水	1. 通过测量等操作活动,经历收集、整理数据的过程。 2. 综合运用所学的数学知识、技能和方法,通过平均数的计算及统计推断,了解和认识日常生活中水资源浪费的情况。 3. 积累节约用水的方法,加强环保意识。
		确定起跑线	1. 了解田径场以及环形跑道的基本结构,学会综合运用圆的周长等知识来计算并确定 400 m 跑的起跑线。 2. 经历观察、计算、推理等数学活动过程,发展综合运用数学知识解决实际问题的能力,体会抽象、推理等基本的数学思想。 3. 体会数学知识在生活中的广泛应用,增强数学学习的积极性。

续 表

名称＼课程类别＼年级	课程名称	课程内容
下学期	理财高手	1. 理解折扣、成数、税率、利率的含义,知道它们在生活中的应用,会进行相关计算。 2. 联系已有的知识和经验进行分析、比较、抽象、概括、归纳、推理等活动,提高解决有关百分数的实际问题的能力。 3. 感受数学知识和方法的应用价值,获得成功的体验,增强学习数学的兴趣和信心。
	圆柱与圆锥	1. 认识圆柱和圆锥,掌握它们的基本特征,并认识圆柱的底面、侧面和高,认识圆锥的底面和高。 2. 探索并掌握圆柱的侧面积、表面积的计算方法以及圆柱、圆锥体积的计算公式,会运用公式计算体积、解决有关的简单实际问题。 3. 通过观察、设计和制作圆柱、圆锥模型等活动,了解平面图形与立体图形之间的联系,发展空间观念。 4. 除了理解研究几何图形的形状和特征,还要从数量的角度来研究几何图形,体会数形结合思想。 5. 通过对圆柱和圆锥体积公式的探索,体会转化、推理、极限、变中有不变等数学思想。
	设计秋游方案	1. 经历收集数据、整理数据、分析数据的过程,体会统计在实际生活中的应用。 2. 能根据实际问题设计简单的统计表,使用适当的方法,从众多信息中提炼出有效数据并记录在表中;会对统计表进行初步的分析,能比较敏锐地感悟到统计表中的一些隐性信息,根据需要处理信息,灵活选择合适的方法解决问题。 3. 在解决问题的过程中,整理所学习的统计图和统计量,能用自己的语言描述条形、折线、扇形统计图的特点。 4. 利用丰富的统计图表,巩固从统计图表中获取信息的能力,进一步掌握看图填表和看图制表的方法,并逐步巩固规范制作统计图表的方法。在读懂统计图的过程中,培养根据统计信息的来源和读出的数据得出结论、根据结论作出简单的判断和预测以及进行交流的能力。

续 表

年级\名称\课程类别	课程名称	课程内容
	自行车里的数学	1. 综合运用所学知识解决实际问题，经历"提出问题——分析问题——建立数学模型——求解——解释与应用"的问题解决的基本过程。 2. 灵活运用数学解决实际问题的思考方法，并加深对所学知识及其相互关系的理解。 3. 体会数学与生活的广泛联系。

第四节　充满智性的数学生活

《义务教育数学课程标准（2022年版）》指出，数学教学应注重启发性，激发学生学习兴趣，引导学生积极思考，鼓励学生质疑问难，引导学生在真实情境中发现问题和提出问题，利用观察、猜测、实验、计算、推理、验证、数据分析、直观想象等方法分析问题和解决问题；促进学生理解和掌握数学的基础知识和基本技能，体会和运用数学的思想和方法，获得数学的基本活动经验；培养学生良好的学习习惯，使其形成积极的情感、态度和价值观，逐步形成核心素养①。这就要求数学课程要实施促进学生发展的教学活动。为此，根据"智慧数学"的课程理念、学科性质、课程目标等方面的要求，我校将从"智慧课堂""智慧课程""智慧工作坊""智慧数学节""智慧之旅""智慧社团"六个方面进行课程实施。教师结合学生的有关生活经验和数学知识背景，引导学生以自主探索与合作交流的方式，开展丰富多彩、形式多样的学习活动，让学生在充满智性的数学生活中收获智慧与乐趣。

一、构建"智慧课堂"，提升数学教学品质

"智慧课堂"是智慧而有趣的学习过程，让我们不断追溯数学的本源。"智慧数学课堂"设定多元的学习目标，选择丰富的学习内容，制定灵活的学习计划，运用睿智幽默的教学语言，彰显数学的智慧和趣味，构建和谐的学习氛围。引导学生不断地发现问题，自然地深入思考，灵活地解决问题。

（一）"智慧课堂"的要义与操作

1. 创设情境，激发兴趣。在教学实践中，教师在备课时要立足学生已有的经验基础，充分考虑学生的兴趣，根据学习内容，挖掘各种教学资源（可以是文本资源，也可以是音像、视频，还可以是其他方面的学习资源），从导入到练习，创设学生感兴趣的情境，调动学生的学习热情。

2. 互动对话，积极质疑。学生在教师的组织和引导下讨论和交流，根据教师创设

---

① 中华人民共和国教育部.义务教育数学课程标准(2022年版)[S].北京:北京师范大学出版社,2022:3.

的情境,结合新知和同伴交流互动,在交互的对话中,互相质疑,共享集体思维成果,体验交流之趣,达到对所学内容比较全面、正确的理解,完成对所学知识的建构。

3. 展示研讨,智慧分享。在交流互动之后,学生将已习得的知识在全班进行展示分享,体验智慧共享之趣。在展示分享中,教师对学生所反映的情感、态度、策略某方面进行及时的评价,鼓励学生自我纠正、自我提高。

4. 拓展延伸,共同成长。这是对师生学习成效的延展,也是对教学目标的监测与评价,更是对学习内容的扩展与应用,它真正体现了师生的教学相长,共同成长。以学生的学习成果为"蓝本",在独立建构的基础上,思维相互碰撞,逐步对知识进行完善。通过交流展示,在师生的思辨中逐渐明晰,并建构知识网络。

(二)"智慧课堂"的评价要求

多元化的评价途径更符合学生的成长特点,有利于学生的主动发展,能够增强学生的自信心,调动学生的热情,让学生发现自己的进步;有利于使教师更深入地理解"智慧数学课堂"的理念,提升教师的专业素养,丰富教师的课堂经验,完善课堂的构成要素,实现师生相长。根据课型的不同,数学科组设计了"智慧数学课堂"教学评价表(见表2-4):

表2-4 广州科学城实验小学"智慧数学课堂"课程教学评价表

姓名		性别		年龄		上课时间		年	月	日
课题						年级		学科		
评价项目	分值	评价要点					评价等级			小计
							A	B	C	D
教学思想	10	课堂教学中融入"童味教育"的教育哲学,教学过程中把握"乐学会学"的教学理念					10	8	6	4
教学目标	12	课标与教材知识把握准确,切合学生实际					4	3	2	1
		体现认知、技能和情感的有机结合					4	3	2	1
		培养学生良好的学习习惯					4	3	2	1
教学内容	12	关注学科知识的基础性,同时挖掘学科知识的趣味性					4	3	2	1
		联系现实生活、学生经验,注意实际应用					4	3	2	1
		注意教材内容的整合与综合,丰富教学内容					4	3	2	1

续 表

评价项目	分值	评价要点	评价等级 A B C D	小计
教学过程	30	创设富有童趣的教学情景,营造生动活泼的课堂氛围	6 5 4 3	
		注意学生在教师引领下对知识的自主建构性	6 5 4 3	
		关注课堂教学的情感性	6 5 4 3	
		关注小学生身心发展的阶段性特征	6 5 4 3	
		师生积极有效互动,学生在教师的引导下自主、合作、探究学习	6 5 4 3	
教学方法	12	注重趣味教学,调动多种感官进行学习,激发学生学习的兴趣	4 3 2 1	
		面向全体学生,关注个性发展	4 3 2 1	
		能调动学生参与、合作、探究、体验,发挥学生的主动性	4 3 2 1	
教学能力	12	使用生动活泼的教学语言,呈现富有逻辑性的板书设计	4 3 2 1	
		娴熟使用现代教育技术和教具,呈现多姿多彩的课堂	4 3 2 1	
		掌握学科教学基本技能,教学组织形式多样化	4 3 2 1	
教学效果	12	知识、能力、情感态度、价值观等多维教学目标的实现	4 3 2 1	
		课堂成为学生活跃思想、交流情感、展示自我的乐园	4 3 2 1	
		不同的学生实现了不同的发展	4 3 2 1	
评价意见			总分	

二、建设"智慧课程",丰富数学课程内容

"智慧课程"是在"智慧数学"课堂实践的基础上,将小学数学课程内容的核心定位

于智慧,旨在着力培养学生数学思维能力和创新能力,使学生更富有智慧地学习、教师更富有智慧地教育教学的课程。它是以国家统编教材为原点,按照"1＋X"形式组建数学学科课程群。"1"是指优化整合的国家基础性课程;"X"是指在"1"的基础上,实施学生个性化特色课程。"＋"不是简单的叠加,而是"1"与"X"的相辅相成,达成"1"和"X"平衡的增量或变量。

(一)"智慧课程"的要义与操作

1. 聚焦素养。数学学科核心素养是数学课程目标的集中体现,是具有数学基本特征的思维品质、关键能力以及情感、态度与价值观的综合体现,是在数学学习和应用的过程中逐步形成和发展的。数学基本活动经验是学生个人经验的重要组成部分,获得和积累基本活动经验是提升学生数学核心素养的重要途径,需要在"做"与"思考"的过程中沉淀。在"智慧课程"的实施中,教师要多给学生提供经历过程的时间和空间,让学生采用探索与猜想、操作与实践、思考与交流等有效的活动方式,亲身经历数学知识形成的过程,积极主动地建构数学知识体系,为学生学好数学积累丰富的数学活动经验。

2. 联系生活。数学的产生和发展与现实生活密不可分,数学知识来源于生活实际,生活中处处皆有数学。《义务教育数学课程标准(2022年版)》的课程总目标指出,学生能体会数学与生活之间的联系,在探索真实情境所蕴含的关系中,发现问题和提出问题[1]。"智慧数学"课程的选材贴近学生生活实际,从学生熟悉的生活情境出发,利用学生熟悉的生活事例来设计教学,为学生精心创设使用数学的情境,引导学生从现实生活中学习数学、理解数学、体会数学,感受到数学的趣味和作用,体验到数学的魅力。

3. 注重应用。培养小学生的数学应用意识是数学教学的一项重要任务,对学生创造性思维、学习能力、操作技能的发展有很大的推动作用。在"智慧数学"课程教学中,教师应加强数学课程与现实生活的联系,通过具有探索性、趣味性的活动培养学生的应用意识和解决问题的能力。

4. 关注文化。《义务教育数学课程标准(2022年版)》指出,数学承载着思想和文

---

[1] 中华人民共和国教育部.义务教育数学课程标准(2022年版)[S].北京:北京师范大学出版社,2022:11.

化,是人类文明的重要组成部分①。数学教育不仅是知识的传授和能力的训练,更是一种文化的熏陶和素质的培养。在"智慧数学"课程教学中,教师要引导学生积极参与数学活动,体会到数学文化的价值,感受到人类文明的魅力,最终实现人文教育与科学教育的优化整合。

(二)"智慧课程"的评价要求

"1+X智慧课程"评价强调激励,坚持多元,促进自主发展。"智慧课程"的评价方式包括:

1. 纸笔测验。纸笔测验是一种传统的考查方式,也是一种重要而有效的评价方式,重点应放在考查学生对数学基础知识、基本技能、过程和方法的认识和理解上;应重视考查学生综合运用所学知识、技能和方法分析和解决问题的能力;应注意选择具有真实情景的综合性、开放性的问题,而不能片面地对基础知识和基本技能进行测试。

2. 学习档案评价是促进学生发展的一种有效评价方式。教师应培养学生自主选择和收集学习档案内容的习惯,给他们表现自己学习进步的机会。学生的学习档案中可以是一次数学口算题、一次小组活动的记录、一份简单的图形设计、一张过程性的测试题、一个有价值问题的提出和解答等等。教师要善于通过学生的成长记录全面反映学生的发展情况,收集和分析反映学生学习过程、结果的资料,客观、公正地评价学生的学习情况。

3. 活动表现评价是一种值得倡导的评价方式。这种评价是在学生完成学习任务的过程中进行的,评价的内容既包括学生的活动过程,又包括学生的活动结果。它通过观察、记录和分析学生在各项学习活动中的表现,对学生的参与意识、合作精神、探究能力、分析问题的思路、知识的理解和应用水平以及表达交流技能等进行评价。

三、建设"智慧工作坊",提升数学学科素养

"智慧工作坊"的成立,汇聚了数学老师和优秀学生的智慧,是老师和学生共同成长的沃土。它旨在满足学生探索数学奥秘、培养思维能力的需要,让学生通过"工作坊"的学习活动,在数学素养上得到更大的提高,共同领略数学的神奇与魅力。

---

① 中华人民共和国教育部.义务教育数学课程标准(2022年版)[S].北京:北京师范大学出版社,2022:1.

(一)"智慧工作坊"的要义与操作

"智慧工作坊"是由骨干教师带头,引领年轻教师和学生中数学爱好者形成的学习共同体。他们研讨拓展课程内容,设置专题活动,进行数学专题研究,拟定实施计划,商讨评价方案,与学生代表对话,对"智慧数学课程"建设起到了积极的推动作用。

1. 借助数学活动,选出工作坊成员。工作坊的老师都是各个年级的优秀教师,他们在各种数学活动中,对学生进行观察、测试,在3—6年级中,筛选出24名优秀学生,组成4个研究小组,每个小组由2名优秀教师带领。每周三下午进行数学研究活动。成员基本固定,没有特殊情况不会增减。

2. 自主选择,确立研究专题。首先,工作坊的成员要进行大量的数学阅读,对所学的数学知识完全掌握、灵活运用。在数学的四个领域中,选择出不同的知识点作为研究的专题。专题研究是对于必修教学内容的延伸和提升,基本上每一个知识点都有延伸的空间。学生根据自己的兴趣爱好进行自主选择,有利于学生建立自信,并形成对数学积极的态度,达到事半功倍的效果。

3. 研究形式的多样化。"智慧工作坊"丰富的专题内容拓宽了学生的知识面,学生感受到了数学的深奥与神奇。在研究的过程中,工作坊的成员不但要大量阅读书籍,还要上网查找资料。在遇到棘手的问题时,老师会通过各种渠道,与专家视频连线,解惑答疑。工作坊的带领和培养锻炼,能有效提高学生学习数学的兴趣,增强学生勇于克服困难的信心。

(二)"智慧工作坊"的评价要求

"智慧工作坊"的评价要点:大量阅读数学文化,是否提升了数学素养;对课程设置是否有创新的想法;是否能将自己的所思、所感、所悟灵活地运用到生活中,应用意识和应用能力是否得到增强。

"智慧工作坊"的评价内容:过程性评价,包括所选专题的研究价值、专题研究过程的各项记录(照片、视频、体会、反思等)、研究方法的多样化和有效性。阶段性评价,包括各阶段的资料及成果展示。

"智慧工作坊"的评价方式:"智慧工作坊"的评价有2个渠道。一是通过文化长廊的形式进行。文化长廊分4个区域,4个研究小组每完成一个研究专题,就把相关资料通过文化长廊展示出来,供全校师生查阅。每个研究小组都有自己的名称、徽章、宣言以及小组章程。在宣言旁边设有"留言墙",其他人看过他们的专题研究成果之后,有什么想说的都可以通过"留言墙"来进行传递,认同支持的可以留下笑脸。展示一周以后,以笑脸的多少来决定排名。工作坊的带领和培养锻炼能有效地促进学生的成长。二是以专题报告的形式进行。专题研究结束后,在多功能大厅向老师和学生进行专题报告。报告的形式可以综合展示,静态和动态相结合。设置10个评委,由骨干教师及学生代表组成,评出一、二等奖。

四、依托"智慧数学节",浓郁数学课程文化

"智慧数学节"丰富了校园的数学文化,提高了学生的数学素养,营造出热爱数学、钻研数学的文化氛围。在节日的这一天,各年级学生热情高涨地融入数学的海洋中,最大限度地发挥自己的聪明才智,把严谨的数学知识变成了各种有趣的活动。

(一)"智慧数学节"的要义与操作

3月14日是"国际数学节",它是为纪念中国古代数学家祖冲之而设立的。其实在网络上流传的与数字有关的节日很多,如5月20日、8月8日、11月11日等,是网友们在数字象形、谐音的基础上,赋予其特殊意义的网络节日。数学节不但有其特殊的意义,也承载了许多数学文化。因此,我们也设立了"智慧数学节",为学生提供展示自己智慧的平台,营造了浓厚的数学文化气息,提升了学生的数学素养。数学节的内容不是固定不变的,教师可以根据实际情况,重新创设有意义的节日内容。教师先拟定出数学节的名称由来、知识内容、实施计划、评价方法等,再由课程委员会及学生代表进行评议。"智慧数学节"的实施过程要有仪式感,采用小组合作、家校联合的方式进行。"智慧数学节"的活动设计见表2-5:

表2-5 广州科学城实验小学"智慧数学节"课程

一年级: 记忆大师	"记忆大师"PK赛完美诠释了什么是过目不忘,什么才是最强大脑!
二年级: 快乐飞行棋	童年的记忆,怎能没有这妙不可言的飞行棋呢?二年级召开"飞行棋争霸赛",比赛前的摩拳擦掌,比赛中的凝眉而视,棋盘上红黄蓝绿四色棋子交错缠斗,棋手间思维碰撞,运筹帷幄,无不淋漓尽致地展现了思维与智慧的比拼、良策与计谋的争锋。

续 表

三年级： 玩转"大富翁"	自从1989年11月28日第一代大富翁上市,大富翁系列便成为深受孩子们和大人们喜爱的游戏之一。默认多幅地图,以掷骰点数前进,并有多种道具、卡片可供使用,另触发一些"特别事件"。通过购买房产,收取对方的路费、租金,来导致对手破产。练口算,比策略,玩个不亦乐乎,斗个天昏地暗!
四年级： 24点PK赛	走进四年级的"24点PK赛"赛场,你就知道什么是游戏的最高境界了!比赛设置了轮番上阵、合作竞答、观众互动、我比你快、最后一搏等几个环节,各班选手沉着冷静,展现出科实小学子敏锐的观察力和缜密的思维。选手们惊人的速度和解题方法的多样性,再加上各班啦啦队火爆的热情,加油声和欢呼声直接将活动推向一个又一个高潮。
五年级、六年级： 神奇魔方转转转	魔方,Rubik's Cube,就是这样一个小小的富有弹性的硬塑料六面正方体,帮助学生认识空间立方体的组成和结构。它复原的过程困难且有趣,小小魔方不停地在孩子们的指尖上跳舞,或左或右,或上或下,转眼间选手们就已经复原成功。真所谓:指尖舞起来,思维转起来,小魔方展大智慧。

(二)"智慧数学节"的评价要求

节日课程活动要规范化、科学化,构建适合学生年龄特征的评价体系,能保证节日课程高效地开展,从而真正促进学生的发展。由主管领导、课程委员会的老师和学生代表组成评价小组,从三个途径对各个活动小组进行评价。评价人员分为3人小组,每组含领导一人。首先进行资料查阅,然后在节日当天进行现场参与,最后是学生座谈。"智慧数学节日"评价标准见表2-6：

表2-6 广州科学城实验小学"智慧数学节"评价标准

小组人员		评价教师	
课题		班级	
项目	评价标准		评价
活动内容 30分	难易适度,符合学生的年龄特征		
	有趣味性,能够提高学生的兴趣		
	有神秘性,能够激发学生的好奇心		
	贴合生活实际,能够提高学生解决问题的实践能力		

续 表

项目	评价标准	评价
活动形式 20分	形式生动活泼,把学生引入求知的活动中	
	班级互动充分,促进数学知识与社交能力共同增长	
	家校结合,多方面开发资源	
	学生参与到社会生活中,提升多方面能力	
活动过程 30分	学生参与积极,主体作用发挥良好	
	学生各种能力循序渐进提升	
	教师管理有方,学生活动有序	
活动效果 20分	学生兴趣得到培养,个性特长得到发展	
	学生思维能力得到发展,创新意识得到增强	
综合评价		
精彩之处:	问题及建议:	

五、开启"智慧之旅",丰富数学学习体验

数学源于生活,用于生活,生活处处有数学,数学蕴藏于生活中的每个角落。我们带领学生走出教室,走进生活,"智慧之旅"研究本质上是一种解决问题的活动,是小学综合实践活动的"高级"表现形式,是对传统课程教学的一种超越,一种整合。它引导学生主动质疑,经历简单的数学化过程,将实际问题抽象为数学问题,自主设计解决问题的方案并实施,有效地呈现实践成果,逐步积累运用数学解决问题的经验。

(一)"智慧之旅"的要义与操作

"智慧之旅"是以一类问题为载体,让学生主动参与的学习活动,是帮助学生积累活动经验的重要途径。我们数学团队根据学生的基础和需求,通过统整、开发、重组、优化、融合适合学生的课程资源等整合形式,以问题解决为载体,以探究数量关系和空间形式为核心,达到培育数学素养、提升实践能力和创新意识之目的。

1. 确定主题——问题筛选。本环节中学生自主或在老师指导下选择一个能做且

"值得"做的研究问题。

2. 制定计划——活动流程提示。说说做什么，大概如何做，时间节点是什么。

3. 活动实施——真实记录。本环节学生实施研究，做好要做的事情，可以自己做，也可以与别人一起做，这是"小课题"研究的实施过程，类似于完成研究的过程。

4. 研究总结——收获、反思。要说说自己做了什么，做出了什么。在这个环节中，学生展示自己的研究成果，反思自己的研究历程，梳理自己的研究收获，甚至结合研究提出合理化建议或畅想。"智慧之旅"课程见表2-7：

表2-7　广州科学城实验小学"智慧之旅"课程

年级	课题示例
一上	制作玩具表、叶画……
一下	我会购物、一分钟能做什么……
二上	我的周末我设计……
二下	塑料袋使用调查……
三上	足球日历……
三下	制作七巧板……
四上	养大一个孩子要花多少钱、煮饭的数学问题、栽蒜苗……
四下	打车便宜还是买车便宜……
五上	植物系列（植物调查报告、大树的身高、叶子的秘密）、质数研究……
五下	摄像头的摆放位置、正方体截面的研究、包装中的学问……
六上	建筑系列、数字的用处、最合适的洗衣粉用量、校园绿化调查、破碎的钟表……
六下	卫生纸有多长、垃圾桶的摆放、蝌蚪的秘密、小树苗成长日记、龋齿情况调查报告……

（二）"智慧之旅"的评价要求

在实际生活中，只有丰富学生的实践探究活动，才能加深其对数学知识的理解与应用。"智慧之旅"的评价以激励为主，采用多种方式进行评价，如教师评价与学生的自评、互评相结合，小组的评价与组内个人的评价相结合；小组之间开展经验交流与成果展示等，激发学生对数学的学习热情。"智慧之旅"评价标准见表2-8：

表 2-8　广州科学城实验小学"智慧之旅"评价标准

评价项目	评价标准	优秀	良好	合格
个人魅力	有研究价值的问题的个数			
	被选中进行小组研究的问题的个数			
	研究过程中,是否有建设性的建议			
	能认真倾听和理解别人的想法			
团队精神	分工是否合理			
	每次的活动记录是否详实			
	遇到困难的解决方法			
	研究的结果是否令人满意			
展示交流	形式多样,引人入胜			
	内容全面,有所启发			
反思与收获	能够提出有一定研究价值的问题			
	梳理收获,提升经验			

六、创设"智慧社团",发展数学学习兴趣

"智慧社团"给学生搭建了一个展示自己的平台,满足了他们对数学知识的高度热情,激发了学生与数学之间浓厚的感情,我们的数学社团在不知不觉中将学生引入奇妙的数学世界。

(一)"智慧社团"的要义与操作

我们不仅有基础类和多样的嵌入类课程,也提供了丰富的选修类课程,充分尊重学生的选择权。开学初,课程委员会和数学工作坊的老师选定本学期的社团课程,在校园微官网上发布,学生通过校园微官网选课报名,以尊重学生为前提,经过各方面协调,确定社团的任课教师以及学生名单。"智慧社团"开设课程如下:

1. 奇妙口算社团

本社团课程面向低年级学生开设,旨在提高学生口算能力,提高学生的数学素养和兴趣,促进学生的全面发展,给学生提供一个展示自我的舞台。

2. 飞行棋社团

本社团课程面向低年级学生开设。通过课程活动的开展，学生掌握飞行棋的组成部分、制作方法，有目的地设计自己的飞行棋。这旨在促进学生创新意识和实践能力的协调发展，让学生在游戏中能够体验到竞争、过关的乐趣。

3. 趣味数学社团

本社团课程面向中年级学生开设，通过课程活动的开展，激发学生学习数学、运用数学的兴趣；引导学生在已有知识、经验的基础上，从数和形的角度去观察周围的事物，认识生活中常见的数量关系，分析问题、解决问题；培养学生良好的思维品质；拓宽学生的数学知识面。

4. 智多星社团

本社团课程面向中年级学生开设，通过各种实践活动的开展，学生在玩耍中学习应用或延伸所学知识，充分感受数学的乐趣，激发学习数学的积极性。引导学生学会用数学的眼睛观察生活，在实践与体验中感受数学与生活的密切联系，感受学习数学的重要性，提高数学的应用意识。

5. 快乐魔方社团

本社团课程面向高年级学生开设。通过课程活动的开展，培养学生的空间想象能力，为喜欢挑战自我、超越自我的学生创造平台；丰富学生的课余文化生活，推广魔方知识，充实师生的课余活动，实现学习和娱乐两不误，使大家在学习的同时也能更好地放松身心。

6. 华罗庚社团

本社团课程面向高年级学生开设，把"数学有趣，数学有用，数学不难"的理念放在第一位，使枯燥有味的数学变得有趣味。本课程让孩子在趣味化、生活化的数学教学活动中，自主地建构数学知识，创设轻松、活泼的教学氛围，使教学活动源于孩子生活，源于孩子好奇之事，引导孩子积极运用自己已有的生活经验去探索、去发现、去体验，让他们亲身感悟数学知识。

(二)"智慧社团"评价要求

"智慧社团"活动，激发了学生学习数学的兴趣，陶冶了情操，磨炼了意志，增进了同学间的友谊。我们的评价方式，有记录活动过程中学生各方面表现的量化评价表，还有学生对社团反馈的问卷调查，了解学生对社团活动的期望，便于教师把握社团后期的发展方向。"智慧社团"的评价标准见表2-9：

表2-9　广州科学城实验小学"智慧社团"的评价标准

评价项目	评价标准	评价
过程评价	制定可行的管理制度及详细活动计划	
	活动主题、内容、形式有创新	
	活动组织井然有序，学习氛围浓厚	
	社团名册及活动过程记录详实	
	活动照片及学生作品保存完整	
	教师的指导张弛有度，有针对性	
	每次活动结束后都有相应的总结、反馈、评价	
成果展示	展示形式丰富新颖	
	内容符合社团特点、全面完整	
	活动小组分工合作有序	
	有借鉴价值的经验与反思	

总之，"智慧数学"课程实施，能不断促进数学教学的发展，是符合时代背景需求的改革和创新，为学生提供了和实际生活相关的教学内容，组织实践教学活动，使得学生能够积极主动地加入到实践活动中进行知识探索和研究。通过生活化的内容加深学生对数学知识的理解，提升学生解决实际问题的能力，开发学生的思维想象力，提升学生的综合能力，促进学生的发展和进步。

（撰稿者：戴瑞传）

第三章

童乐英语：让儿童走进欢乐的英语世界

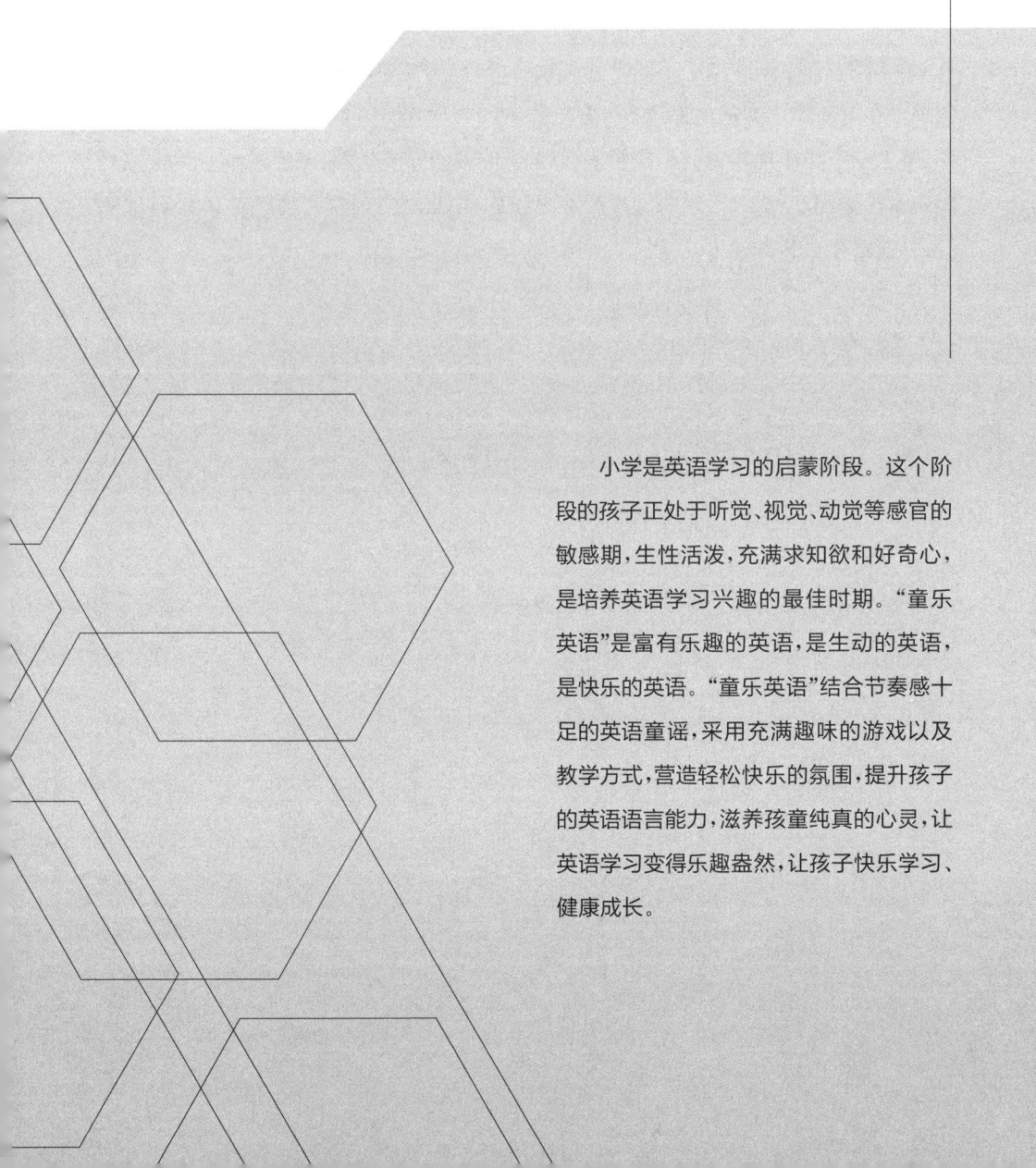

小学是英语学习的启蒙阶段。这个阶段的孩子正处于听觉、视觉、动觉等感官的敏感期，生性活泼，充满求知欲和好奇心，是培养英语学习兴趣的最佳时期。"童乐英语"是富有乐趣的英语，是生动的英语，是快乐的英语。"童乐英语"结合节奏感十足的英语童谣，采用充满趣味的游戏以及教学方式，营造轻松快乐的氛围，提升孩子的英语语言能力，滋养孩童纯真的心灵，让英语学习变得乐趣盎然，让孩子快乐学习、健康成长。

广州科学城实验小学现有英语教师8人,包括硕士研究生2人,本科学历6人,其中中小学高级教师1人,小学一级教师4人,新上岗教师3人。教研组有广州市百千万名师培养对象、广州市小学名教师工作室主持人、黄埔区名教师工作室主持人1人,黄埔区小学英语中心组成员2人。1人获全国优质课一等奖,1人获广东省省级优质课,多人获黄埔区优质课例。我们依据教育部《关于全面深化课程改革 落实立德树人根本任务的意见》及《义务教育英语课程标准(2022年版)》,推进英语学科课程建设,并取得了显著的效果。

第一节　乐趣盎然的英语

一、学科性质

当今世界正处于大发展和大调整的变革时期,多极化和经济全球化的发展态势要求作为和平发展大国的中国必须承担重要的历史使命和国际责任与义务。英语作为全球使用最广泛的语言之一,已成为国际交往和文化科技交流的重要工具,成为了中国了解世界和世界了解中国的桥梁。青少年肩负着未来发展的重任,学习英语可以更好地帮助他们了解世界,学习先进的科学文化知识,促进思维发展,丰富认知方式,传播中国文化,增进他们与各国青少年的相互沟通和理解,为他们提供更多的接受教育和职业发展的机会。学习英语还能帮助学生形成开放、包容的性格,发展跨文化交流的意识和能力,形成正确的人生观、价值观,培养良好的人文素养,为其未来参与知识创新和科技创新储备能力,为未来更好地适应世界多极化、经济全球化以及信息化奠定基础。

《义务教育英语课程标准(2022年版)》指出义务教育阶段的英语课程体现工具性和人文性的统一,具有基础性、实践性和综合性特征[1]。就工具性而言,英语课程承担着培养学生基本英语素养和发展学生思维能力的任务,即学生通过英语课程掌握基本的英语语言知识,发展基本的英语听、说、读、写技能,初步形成用英语与他人交流的能力,进一步促进思维能力的发展,为今后继续学习英语和用英语学习其他相关科学文化知识奠定基础。就人文性而言,英语课程承担着提高学生综合人文素养的任务,即学生通过英语课程能够拓展视野,丰富生活经历,形成文化意识,增强爱国主义精神,发展创新能力,形成良好的品格和正确的人生观、价值观。工具性和人文性统一的英语课程要求通过英语学习和英语实践活动,使学生逐步掌握英语知识和技能,提高英语实际运用能力,促进思维品质发展,锻炼意志,陶冶情操,发展个性,为学生的终身发

---

[1] 中华人民共和国教育部. 义务教育英语课程标准(2022年版)[S]. 北京:北京师范大学出版社,2022:1.

展奠定基础。

英语课程在学生发展中的价值体现在学习英语不仅有利于学生更好地了解世界，为他们提供更多的接受教育和职业发展的机会；学习英语还能帮助他们形成开放、包容的性格，发展跨文化交流的意识与能力，促进思维发展，形成正确的人生观、价值观，养成良好的人文素养。

二、学科课程理念

《义务教育英语课程标准（2022年版）》提出：英语学习应以主题为引领选择和组织课程内容，倡导"践行学思结合，用创为本的英语学习活动观[①]"。基于这个特点，我校英语组经过反复研讨，确定了"童乐英语"（Happy English）的课程理念。Happy这个单词所包含的五个字母分别指的是：happiness，ability，pride，play，youth。英语组借助扇形阶梯状课程形式，通过活动，坚持学思结合，引导学生在学习理解活动中获取、梳理语言和文化知识，建立知识间的关联，以渗透浸润的方式，从小培养学生的语言意识；坚持学用结合，引导学生在应用实践类活动中积极参与体验，轻松、愉悦地内化知识；通过活动，促进学生积极合作探究、学以致用，提升能力。现将我们的"童乐英语"的课程理念诠释如下：

1. Happiness 幸福感

学习的目的在于提高个体获得幸福感的能力。小学阶段英语教学的主要任务是激发及培养学生学习英语的兴趣，让学生树立信心，从英语学习中收获幸福的学习体验。我们英语科组通过丰富多样的阶梯状课程形式，如攀登英语童谣课堂、Phonics club、绘本show、Happy Theatre等，为学生提供丰富的语料，开展多样化的浸润式教学（Infusion Approach），为学生创设真实、鲜活的语言学习环境，让学生在浓厚的英语学习氛围中感受语言的美，从而获得幸福感。

2. Ability 能力

英语课程承担着培养学生基本英语素养和发展学生思维能力的任务。现代外语

[①] 中华人民共和国教育部. 义务教育英语课程标准（2022年版）[S]. 北京：北京师范大学出版社，2022：3.

教育注重语言学习的过程,强调语言学习的实践性,主张学生在语境中接触、体验和理解真实语言,并在此基础上学习和运用语言。我们围绕"童味教育"的理念,结合学校的教育环境,整合现有的教师特色资源,致力于为学生创设生活化的语言学习环境,在教学上尽可能多地为学生创造在真实语境中运用语言的机会。我们鼓励学生积极参与不同的活动,并在教师的指导下,通过体验、实践、参与、探究和合作等方式,发现语言规律,逐步掌握语言知识和技能,形成有效的学习策略,发展自主学习能力,并进一步促进思维能力的发展。

3. Pride 自信

自信指的是通过英语学习,感受到英语语言以及英语文化的魅力,从而培养学生勇于表现自我的自信心和自豪感。英语文化是开放的、富有感染力的文化,鼓励学生用积极和包容的视角来看待周围的事物。因此,我们在日常的英语教学中应该通过开展丰富的课堂活动,鼓励学生展示自我,同时以开阔的心胸接纳新事物。

4. Play 寓教于乐

寓教于乐指的是我们的英语课堂是积极欢乐的课堂。我们将知识的学习和形式生动活泼的课堂活动相结合。全球化的发展形势要求我们未来的接班人要更加开放,更具有良好的沟通能力和合作精神。结合新课标要求,作为教育者,我们要根据新时代的要求,探索新的教学模式和学习方式。教学中我们面向全体学生,关注语言学习者的不同特点和个体差异,尊重孩子的个性需求,设计丰富多彩的课程及活动,如英语趣配音、英语戏剧表演、英语词汇擂台等等,让孩子们找到自己最感兴趣的内容,力求让每一颗童心都快乐飞扬,获得积极、愉悦的情感体验,让课程成为孩子的乐园。

5. Youth 以学生为中心

我们英语课堂的主体不是教师,而是学生。我们的一切教学活动的设计都是以学生为中心的。根据不同学生的学习需求和特点,通过资源联动、有效互动、评价驱动来激活课堂,让课程充满"童乐",让儿童动手、动口、动脑,多种感官参与,合作交流,让每一颗童心都快乐飞扬,让学生在享受课程学习的过程中,不知不觉提升兴趣,丰富语感,开阔视野,增长知识,发展智力,塑造积极向上的品格。

第二节　在英语学习中充盈与成长

《义务教育英语课程标准(2022年版)》提出：学习和运用英语有助于学生了解不同文化，比较文化异同，汲取文化精华，逐步形成跨文化沟通与交流的意识和能力，学会客观、理性地看待世界，树立国际视野，涵养家国情怀，坚定文化自信，形成正确的世界观、人生观和价值观，为学生终身学习、适应未来社会发展奠定基础[①]。

一、学科课程总体目标

《义务教育英语课程标准(2022年版)》提出："英语课程要培养的学生核心素养包括语言能力、文化意识、思维品质和学习能力等方面[②]。"同时，基于核心素养对学生的不同维度的要求，我校英语科组以学生为本，以提高学生语言运用能力和发展学生的思维能力为指导思想，创设童乐英语课程群，来培养学生的文化意识和综合语言运用能力，即从发展语言能力、培育文化意识、提升思维品质、提高学习能力四个目标来分层实现。

(一) 发展语言能力

语言能力指运用语言和非语言知识以及各种策略，参与特定情境下相关主题的语言活动时表现出来的语言理解和表达能力[③]。主要体现为语言知识和语言技能。语言知识是发展语言技能的重要基础，而语言技能则具体表现为通过"听、读"理解，进而再以"说、写"进行输出表达。它们在语言学习和交际中相辅相成、相互促进。学生应通过大量的综合性语言实践活动，在语言实践活动中感知、体验、积累和运用，发展综合语言运用能力，认识英语与汉语的异同，逐步形成语言意识，积累语言经验，进行有意义的沟通与交流。

---

① 中华人民共和国教育部. 义务教育英语课程标准(2022年版)[S].北京:北京师范大学出版社，2022:1.
② 中华人民共和国教育部. 义务教育英语课程标准(2022年版)[S].北京:北京师范大学出版社，2022:4.
③ 中华人民共和国教育部. 义务教育英语课程标准(2022年版)[S].北京:北京师范大学出版社，2022:4.

(二) 培育文化意识

文化意识指对中外文化的理解和对优秀文化的鉴赏,是学生在新时代表现出的跨文化认知、态度和行为选择[①]。

语言有丰富的文化内涵。在外语教学中,文化是指所学语言国家的历史地理、风土人情、传统习俗、生活方式、行为规范、文学艺术、价值观念等。在学习英语的过程中,学生能够了解不同国家的优秀文明成果,比较中外文化的异同,发展跨文化沟通与交流的能力,形成健康向上的审美情趣和正确的价值观;加深对中华文化的理解和认同,提升对中华优秀传统文化的认识与热爱,坚定文化自信。接触和了解外国文化有益于增强对英语的理解和使用能力,树立国际视野;文化意识的培育有助于学生增强家国情怀和人类命运共同体意识,涵养品格,提升文明素养和社会责任感。

(三) 提升思维品质

思维品质指人的思维个性特征,反映学生在理解、分析、比较、推断、批判、评价、创造等方面的层次和水平[②]。

学生能够在语言学习中发展思维,在思维发展中推进语言学习;学生通过学习,可以初步从多角度观察和认识世界、看待事物,有理有据、有条理地表达观点;再在语言学习中逐步发展逻辑思维、辩证思维和创新思维,使其思维体现一定的敏捷性、灵活性、创造性、批判性和深刻性。

(四) 提高学习能力

学习能力指积极运用和主动调适英语学习策略、拓展英语学习渠道、努力提升英语学习效率的意识和能力[③]。

学生在英语学习过程中,能够树立正确的英语学习目标,一直保持学习兴趣,主动参与语言实践活动;在学习中注意倾听、乐于在学习团体内进行交流、勇于大胆尝试;学会自主探究学习,在团体内进行有效的合作互助;学会反思和评价学习进展,调整学习策略和方式;学会自我管理,提高学习效率,做到乐学善学。为终身可持续性学习奠

[①] 中华人民共和国教育部.义务教育英语课程标准(2022年版)[S].北京:北京师范大学出版社,2022:5

[②] 中华人民共和国教育部.义务教育英语课程标准(2022年版)[S].北京:北京师范大学出版社,2022:5.

[③] 中华人民共和国教育部.义务教育英语课程标准(2022年版)[S].北京:北京师范大学出版社,2022:5.

定基础。

二、学科课程年段目标

基于以上总体目标,依托"童乐英语"课程理念,依据《义务教育英语课程标准(2022年版)》、广州版英语一至六年级教材以及教师用书,确立我校持续渐进的英语学科课程目标,让孩子在英语学习中不断充盈与成长。例如,我校六年级英语课程目标见下表 3-1:

表 3-1 广州科学城实验小学"童乐英语"六年级单元课程目标

	上学期		下学期
M1	• **Language focus:** 1. You can ... if you ... 2. We have more than/a few ... 3. I never ... because ... • **Vocabulary:** country, field, pick, grass, cow, sheep, other, few, a few, goat, goose, river, grandparent, milk, ride, take, still, help ... with, air • **Pronunciation:** Plural form of nouns • **Outcome:** Can talk about the life in the countryside	M1	• **Language focus:** 1. What do you mean? 2. I/He/She/was sure he would ... 3. If ..., you should be ... 4. Be patient/careful. 5. Don't be in such a hurry/proud/like him(her/them). 6. -ing ... is ... 7. He/She/We/They had nothing to do. 8. Go for it. • **Vocabulary:** steady, win, won, try, carry, such, in such a hurry, silly, hare, mean, meant, tortoise, proud, careless, patient, remember, sad, hard, harder, careful, another, suddenly, crash, into, ground, die, pick, pick up, easy, himself, from then on, stop, all day long, wait, wait for, appear, away, run away, go for it

续 表

	上学期		下学期
			• **Pronunciation:** The pronunciation of the plural nouns • **Outcome:** Can tell stories
M2	• **Language focus:** 1. Where is/are . . . from? 2. What's . . . like? 3. It's very different to . . . 4. . . . (be) afraid to (do something) . . . 5. There is much more to do . . . than . . . 6. . . . can't wait to . . . • **Vocabulary:** city, student, quiet, cheap, modern, noisy, wide, crowded, comfortable, heavy, slow, postcard, different to . . . , dirty, afraid, be afraid . . . , because, sell, countryside, theatre, all day • **Pronunciation:** ie ee ea • **Outcome:** 1. Can talk about the city life 2. Compare the life in the city and that in the countryside	M2	• **Language focus:** 1. It is called . . . 2. If we don't . . . , . . . may . . . • **Vocabulary:** back, difficult, frog, hair, Australia, kangaroo, turn, ocean, starfish, Africa, tiger, Asia, be called, lion, panda, bamboo, elephant, giraffe, neck, leaf, leaves, save, only, earth, whale, danger, in danger, disappear, forever, forest, pollute, made, make from, fur • **Pronunciation:** er or ear • **Outcome:** 1. Can describe the animals 2. Can describe what we can do to save the animals in danger
M3	• **Language focus:** 1. What's the matter with . . . ? 2. I have a headache/stomachache/ toothache/fever/cold. 3. I'm . . . to hear that. 4. What did . . . say? 5. Take the medicine . . . times a day. 6. You'll be . . . soon.	M3	• **Language focus:** 1. He tried to . . . 2. What a . . . (he/she is)! 3. They called it/them . . . 4. He started -ing . . . 5. After he/she/they/we . . . , he/she/ they/we . . . 6. . . . . . . first . . . , then . . . .

83

续 表

上学期	下学期
7. First, ... Second, ... Third, ... Finally, ... • **Vocabulary:** health, matter, What's the matter?, ill, stomachache, ate, hear, I'm sorry to hear that, gave, check-up, take, medicine, time, toothache, brush, twice, broken, finger, rest, take a rest, have a cold, wore, headache, could, fever, secret, simple, least, at least, diet, keep a good diet, less, oily, finally, smile, even • **Pronunciation:** ie ai y • **Outcome:** 1. Can talk about seeing a doctor 2. Can talk about how to stay healthy 3. Healthy life 4. The Simple Past Tense	• **Vocabulary:** Dr＝Doctor, famous, person, history, leader, free, make, writer, inventor, invent, bulb, light bulb, actor, funny, movie, musician, paint, painter, atomic, return, turn ... into, province, university, physics, several • **Pronunciation:** ou au ow • **Outcome:** 1. Can talk about the famous people 2. Can talk about what did someone do in the past 3. Describe a person
M4 • **Language focus:** 1. What did you do yesterday/last night/last week/...? 2. It was so much fun. 3. Where/When/How did you ...? 4. — Did you ...? — Yes, I did./No, I didn't. 5. I travelled there on foot/by train/by plane/... 6. Places in the city • **Vocabulary:** past, experience, yesterday, bought, angry, came, no/not ... at all, poor, last, year, diary, Disneyland,	M4 • **Language focus:** • 1. You should ... It's the polite thing to do. 2. Don't ... It's impolite. 3. You should ... **Vocabulary:** manner, seat, impolite, in need, as, line, in line, push, push in, full, dish, laugh, laugh at, magic, word, long ago, through, sign, none, upset, cry out, dear, bottom, inside, dark, except, except for, carry on, light, light up, brightly, road, lead, led, (be)full of ..., brought, bring, ever

续 表

上学期	下学期
Mickey Mouse, Donald Duck, a little, later, fell, sat, until, better • **Pronunciation:** 　ei　ai　oi • **Outcome:** 　Can talk about the things that happened in the past	• **Pronunciation:** 　short i • **Outcome:** 　1. Can talk about the manners 　2. Can talk about how to be polite
M5 • **Language focus:** 　1. He/She/It had … 　2. Most of the people/them … 　3. He sees/I see/We see … doing … • **Vocabulary:** 　back then, polite, surf, Internet, surf the Internet, fat, cry, ago, village, nearby, far away, office, store, department, store, lunar, celebrate, remember, ancient, poet, bean, bamboo, cheer, reunion, lantern • **Pronunciation:** 　ur　er　ear • **Outcome:** 　1. Can compare the things now and back then 　2. Can talk about the things that happened in the past	M5 • **Language focus:** 　1. It's a great place to … 　2. I'd like to … 　3. I can't wait to … 　4. Thanks so much for -ing … 　5. I'm very excited to … 　6. I know … is … • **Vocabulary:** 　South Africa, nature, mountain, choose, Sydney, opera, Sydney Opera House, harbour, bridge, Sydney Harbour Bridge, Japan, Tokyo, modern, abroad, France, Paris, capital, the USA=the United States of America, Washington D. C., White House, the UK=the 　United Kingdom, London, Big Ben, tower, Tower Bridge, New Zealand, Wellington, kiwi, 　Canada, Ottawa, maple, invite, save, money, natural, beauty, waterfall, Chinatown, Toronto, passport, book, ticket, airport, land • **Pronunciation:** 　long U　oo　u

85

续 表

	上学期	下学期
		• Outcome: 1. Can Talk about the cities and countries 2. Can talk about what place you'd like to go
M6	• Language focus: 1. What's your favourite festival? 2. What do people do during the festival? 3. When is the Spring Festival? 4. It sounds great. • Vocabulary: each other, gift, lucky money, with, jiaozi, moon, mooncake, dragon race, festival, lunar, celebrate, remember, ancient, poet, bean, bamboo, cheer, reunion, lantern • Pronunciation: oe oo ou au ow • Outcome: Can talk about the festivals in China	

　　依据"童乐英语"课程基本理念,在实施基础课程的同时,聚焦"Happy English"课程目标,开发丰富的英语学科拓展课程,构建相互补充、相互促进的课程体系,适应学生个性发展的需求。

第三节　丰富多彩的英语

依据"童乐英语"课程基本理念，一方面从学生的年龄特点出发，一方面基于教材内容出发，系统和科学地建设一到六年级的课程体系。

一、学科课程结构

《义务教育英语课程标准(2022年版)》中的语言技能包括听、说、读、看、写五个方面的技能，听、读、看是理解性技能，说、写是表达性技能。课标根据不同年龄阶段的学生的生理、心理特点，在预备级(一、二年级)和第一级(三、四年级)语言技能中，设定了"听做、说唱、玩演、视听、读写"五个技能标准；第二级(五、六年级)中设定了"听、说、读、看、写"五个标准。这些标准的描述无一例外，都在强调感知、体验、运用和实践的重要性[①]。根据新课标一级和二级的标准以及现用教材的指导，我们结合小学生的年龄发展特点以及我校的育人目标而自主开发，开设了"童乐英语课程"，包括"童乐听说""童乐阅读""童乐写作"以及"童乐表演"。它们的有机联系和共同发展将促进学生综合语言运用能力的形成。(如图3-1所示)

图3-1　广州科学城实验小学"童乐英语"课程结构图

---

① 中华人民共和国教育部.义务教育英语课程标准(2022年版)[S].北京:北京师范大学出版社，2022:25—41.

上图各板块课程具体描述如下：

（一）童乐听说

听说课主要培养学生良好的听说习惯，并使学生能大胆自信地进行输出，比如哼唱表演英文歌曲以及进行简单的口语交流，以及通过学习掌握语言的规律，培养自主学习的能力。通过说唱课培养学生学习英语的兴趣，丰富其学习英语的动机，使学生保持积极的学习态度。听说课主要培养学生学习的语感，调整学生的语音语调。

（二）童乐阅读

阅读课包括简单的绘本阅读以及中高年级的分级阅读，旨在培养孩子阅读的兴趣、良好的阅读习惯，并养成一定的阅读能力。同时，通过大量广泛地阅读地道的英语资料，学生可以了解所学语言国家的历史地理、风土人情、传统习俗、生活方式、行为规范、文学艺术、价值观念等。在此过程中，使学生加深对中华优秀传统文化的认识与热爱，接受属于全人类先进文化的熏陶，培养国际意识。

（三）童乐写作

书写课包括英文书法课和英语写作课。书法课即能够流畅地书写美观的英语文字，指导学生从英语字母的书写、句子的书写、篇章的书写到制作手抄报、英语故事书等。英语写作课即学生通过写作的形式顺畅地将自己的想法用英文流畅地表达出来。在此过程中，教师不断激发并强化学生的学习兴趣，并引导他们逐渐将兴趣转化为稳定的学习动机，以使他们树立信心，锻炼克服困难的意志，养成和谐和健康向上的品格，形成语言的综合运用能力。

（四）童乐表演

表演课是戏剧表演课，教师通过指导学生进行朗读（童谣、诗歌）、歌曲表演、读演绘本故事，排演课本剧、创编课本剧、名著短剧的排演、表演等方式，提高学生学习的兴趣，增强学生学习的积极性，拓宽学生的视野，挖掘学生各方面的潜能，培养学生的自信心。同时，学生通过表演课时共同完成小组合作任务，培养自身的学习策略，如交际策略、合作策略和资源策略等。

二、学科课程设置

"童乐英语"创设快乐、轻松、和谐的学习氛围，利用听、说、读、写、玩、演、

视、听、做等教学手段对学生进行英语语言浸润式教学。除了基础课程之外,"童乐英语"课程设置表如下所示(见表3-2):

表3-2 广州科学城实验小学"童乐英语"课程设置表

年级	童乐听说	童乐阅读	童乐写作	童乐表演
一年级上	鹅妈妈童谣1	Sight words 1		Rhyming Fun 1
一年级下	鹅妈妈童谣2	Sight words 2		Rhyming Fun 2
二年级上	鹅妈妈童谣3	Sight words 3		Rhyming Fun 3
二年级下	鹅妈妈童谣4	Sight words 4		Rhyming Fun 4
三年级上	自然拼读1	童乐画报1	书写达人1	Happy Show 1（英语趣配音、诗歌美读）
三年级下	自然拼读2	童乐画报2	书写达人2	Happy Show 2（英语趣配音、诗歌美读）
四年级上	自然拼读3	童乐画报3	书写达人3	Readers' Theatre 1（绘本读演）
四年级下	自然拼读4	童乐画报4	书写达人4	Readers' Theatre 2（绘本读演）
五年级上	童乐日记1	分级阅读1	童乐书画报1	Happy Theatre 1（课本剧创编,演）
五年级下	童乐日记2	分级阅读1	童乐书画报2	Happy Theatre 2（课本剧创编,演）
六年级上	童乐日记3	分级阅读2	童乐书画报3	Happy Theatre 3（经典剧、寓言新创编）
六年级下	童乐日记4	分级阅读2	童乐书画报4	Happy Theatre 4（经典剧、寓言新创编）

上面板块的课程内容详见下表(见表3-3):

表3-3　广州科学城实验小学"童乐课程"内容表

课程类别 名称 年级		课程名称	课程内容
一年级	上学期	鹅妈妈童谣1	Jerry Hall; Mable Mable; Jack and Jill went up the hill; Shoo fly, don't bother me; Humpty Dumpty sat on a wall; Cracle cracle Mother Goose; Rain on the green grass.
		Sight words 1	代词:I, it, me
		Rhyming Fun 1	配合教材,诵唱童谣,表演儿歌。
	下学期	鹅妈妈童谣2	I am a little teapot; To market, to market; Jelly on a plate; Wash the dishes; Buckle my shoe; Donkey, donkey, old and grey; Hey diddle, diddle; Dickory, dickory, dock.
		Sight words 2	冠词:a, an, the
		Rhyming Fun 2	配合教材内容,诵唱有相关内容的童谣和儿歌并表演。
二年级	上学期	鹅妈妈童谣3	The cat's got the measles; Pat-a-cake, pat-a-cake; Diddle, diddle, dumpling my son; I had a sausage; Sally go round the sun; Great A, little a.
		Sight words 3	动物名词:cat, dog, duck …
		Rhyming Fun 3	配合教材内容,诵唱有相关内容的童谣和儿歌并表演。
	下学期	鹅妈妈童谣4	One, two, three, four; One for sorrow, two for joy; Whose pigs are these; Chookchoo; I had a little hen; Will you come to my party; Tinker, tailor; Twinkle twinkle little star.
		Sight words 4	数词:one, two, three …
		Rhyming Fun 4	配合教材内容,诵唱有相关内容的童谣和儿歌并表演。

续 表

年级	课程类别	课程名称	课程内容
三年级	上学期	自然拼读1	26个字母可以分为21个辅音字母和5个元音字母。每个字母基本上都对应一个不同的发音。其中字母c和字母k对应同一个发音/k/,字母y有三个发音,分别为/j/、/ai/和/i/。
		Happy Show 1（英语趣配音、诗歌美读）	根据教材的内容,培养学生英语对话的基本语音、语调,选择合适的动画短片进行趣味配音,继续进行诗歌美文诵读、英文歌曲的表演。
		书写达人1	26个字母的棍棒体书写。
		童乐画报1	字母趣味画报。
	下学期	自然拼读2	元音的字母音——长元音,即由5个元音音素构成的元音组合的发音。其中组合/a_e/、/ai/发a的字母音/ei/;组合/e_e/、/ee/、/ea/、/e/发e的字母音/i:/;组合/o_e/、/oa/、/ow/发o的字母音/ou/;组合/u_e/、/ue/、/ui/发u的字母音/ju:/。
		Happy Show 2（英语趣配音、诗歌美读）	学习剧场表演模式,继续进行难度高一点的动画短片趣配音。根据教材所学习的对话话题,培养学生正确的语音、语调,并指导学生表演简单的情景对话。
		书写达人2	单词的规范书写。
		童乐画报2	水果、动物趣味画报。
四年级	上学期	自然拼读3	辅音丛的发音:辅音丛包括双辅音、混合辅音和辅音连缀。双辅音是在单词中只发一个音的辅音组合,通常是由两个相同的辅音字母构成的。混合辅音也是在单词中只发一个音的辅音组合,通常是由两个不同的辅音字母构成的。辅音连缀则是由两个或两个以上的辅音音素结合在一起构成的。
		Readers' Theatre 1（绘本读演）	进一步规范剧场表演模式,通过戏剧排演的方式阅读绘本故事,继续难度高一点的动画短片趣配音,并尝试表演这些简短的动画故事。
		书写达人3	短句的规范书写

续 表

年级	课程类别	课程名称	课程内容
		童乐画报 3	玩具、交通工具画报
	下学期	自然拼读 4	发音练习训练,学会划分音节。第一步是先找元音及元音组合:每个音节都必须包含一个元音发音。一个单词有几个元音发音就有几个音节。第二步是划分音节:划分音节遵循"两个后的原则",即从后往前划分音节和辅音优先归后面音节的原则。最后则是拼读单词:按顺序拼读每个音节的发音,然后再整体拼读。
		Readers' Theatre 2（绘本读演）	以戏剧排演的方式分享绘本故事,即兴表演绘本故事。
		书写达人 4	小短文的规范书写。
		童乐画报 4	节日主题的画报。
五年级	上学期	分级阅读 1	攀登分级阅读系列 1。
		Happy Theatre 1（课本剧创编、演）	引导学生以读者剧场的方式,正确读演所学习的课文对话,并鼓励学生改编课文故事,创编新话题、新故事、新情景对话。
		童乐日记 1	用简短英文来描述日常生活。
		童乐书画报 1	绘本创编。
	下学期	分级阅读 2	攀登分级阅读系列 2。
		Happy Theatre 2（课本剧创编、演）	引导学生以读者剧场的方式,正确读演所学习的课文对话,并鼓励学生改编课文故事,创编新的话题、新故事、新情景对话。
		童乐日记 2	用简短英文来描述日常生活。
		童乐书画报 2	绘本创编。
六年级	上学期	分级阅读 3	培生分级阅读,攀登英语分级阅读 3。
		Happy Theatre 3（经典剧、寓言新创编）	根据六年级所学习的内容,学习经典故事《白雪公主》《灰姑娘》,寓言故事如《守株待兔》,引导学生排演经典短剧,尝试创编新故事等,让学生敢说敢演,学以致用,通过精彩的演绎,展现风采,收获自信。

续 表

年级 \ 课程类别名称	课程名称	课程内容
	童乐日记3	用简短英文来描述日常生活。
	童乐书画报3	绘本创编、思维导图、英文主题手抄报。
下学期	分级阅读4	培生分级阅读,攀登英语分级阅读系列4。
	Happy Theatre 4（经典剧、寓言新创编）	根据六年级所学习的内容,学习经典故事"白雪公主,灰姑娘",寓言故事如守株待兔,引导学生排演经典短剧,尝试创编新故事等等,让学生敢说敢演,学以致用,演绎精彩,展现风采,收获自信。
	童乐日记4	用简短英文来描述日常生活。
	童乐书画报4	绘本创编、思维导图、英文主题手抄报。

第四节　在欢乐学习中快乐成长

《义务教育英语课程标准(2022年版)》强调践行学思结合、用创为本的英语学习活动观①。作为教师应综合考虑课程目标,根据学生的发展状况,整体规划各个阶段的教学任务,有效整合课程资源,优化课堂教学,创设活动,让学生在体验中学习、在实践中运用,培养学生的自主学习能力,为学生的可持续发展奠定基础。在课程实施活动中,不可忽视评价是英语课程的重要组成部分。《义务教育英语课程标准(2022年版)》提出:教师要准确把握教、学、评在育人过程中的不同功能,树立"教—学—评"的整体育人观念②。科学的评价体系是实现课程目标的重要保障。小学阶段的英语教学评价应充分考虑小学生的认知方式、认知水平和心理特点,以激发和保持小学生的英语学习兴趣和自信心为主要目的,采用以形成性评价为主的评价方式和方法,将评价有机渗透在日常教学活动之中。我校的英语课程实施以尊重学生的个性发展为目标,以彰显英语语言的趣味性、人文性和实用性为原则,激励学生在英语学习中找到乐趣与成就感,从而在这个过程中自然而然地习得英语,提高英语语言的综合运用能力。为此,根据"童乐英语"的课程理念、学科性质、课程目标等方面的要求,将从"童乐课堂""童乐课程""童乐才艺秀""童乐社团""童乐文化活动"五个方面进行课程实施。

一、建构"童乐课堂",让孩子们在欢乐中学习成长

童乐课堂是欢乐的课堂,即让英语课堂变成富有童趣、活跃的课堂。童乐课堂的教学形式是生动的,内容是有趣的,同时评价方式也是多种多样的。在这样富有童乐的课堂里,孩子们可以突破英语学习的障碍,在轻松愉悦的氛围里学习英语,快乐成长。

(一)"童乐课堂"的基本要求

1. "童乐课堂"是教学形式生动活泼的课堂。在"童乐课堂"中,我们一改传统课

---

① 中华人民共和国教育部.义务教育英语课程标准(2022年版)[S].北京:北京师范大学出版社,2022:3.
② 中华人民共和国教育部.义务教育英语课程标准(2022年版)[S].北京:北京师范大学出版社,2022:51.

堂墨守成规、一成不变的课堂模式,采用丰富多彩的课堂形式,让英语的学习变得充满乐趣。比如,在课前预热环节,我们一般都会采用歌曲或者 TPR 的热身,调动孩子们的积极性。在学习单词的环节中,我们会采用自然拼读来进行解码和编码,同时会采用表演的形式来呈现单词,加深学生对词汇的理解。

2. "童乐课堂"是教学内容丰富有趣的课堂。在"童乐课堂"中,我们除了教授教材上的内容,还不断引进许多有趣的学习资源。比如,我们将许多有趣的英语绘本带进了课堂。这些绘本色彩丰富,人物性格特征显著,故事情节生动有趣,充盈了我们的日常教学。我们也引入了许多英文小诗、英文歌曲、童谣、绕口令。

3. "童乐课堂"是评价方式多样化的课堂。在"童乐课堂"中,我们采用多元、科学、合理的评价方式和方法。高效的评价方式能够很好地激励学生主动学习。我们采取了课堂评价、每周之星、每月之星的形式,将评价的形式常规化,让孩子们常葆学习的热情。

(二)"童乐课堂"的评价要求

我校创设的"童乐课堂"旨在切实提高学生的英语综合能力,让学生在英语课堂中找到自我。英语作为一种语言,是交流的工具。所以在教学中,我们应该鼓励学生大胆、自信、敢开口。因此,在英语课堂中,我们以提高学生语言综合能力为目的,创设有意义的情境与活动,使课堂变得生动有趣。我们根据课型的不同,设计了"童乐课堂"评价表(见表 3-4):

表 3-4 广州科学城实验小学"童乐课堂"评价表

姓名		性别		年龄		上课时间		年	月	日
课题						年级		学科		
评价项目	分值	评价要点				评价等级				小计
						A	B	C	D	
教学思想	10	课堂教学中融入"童味教育"的教育哲学,教学过程中把握"乐学会学"的教学理念				10	8	6	4	
教学目标	12	课标与教材知识把握准确,切合学生实际				4	3	2	1	
		体现认知、技能和情感的有机结合				4	3	2	1	
		培养学生良好的学习习惯				4	3	2	1	

续 表

评价项目	分值	评价要点	评价等级 A B C D	小计
教学内容	12	关注学科知识的基础性,同时挖掘学科知识的趣味性	4 3 2 1	
		联系现实生活、学生经验,注意实际应用	4 3 2 1	
		注意教材内容的整合与综合,丰富教学内容	4 3 2 1	
教学过程	30	创设富有童趣的教学情景,营造生动活泼的课堂氛围	6 5 4 3	
		注意学生在教师引领下对知识的自主建构性	6 5 4 3	
		关注课堂教学的情感性	6 5 4 3	
		关注小学生身心发展的阶段性特征	6 5 4 3	
		师生积极有效互动,学生在教师的引导下自主、合作、探究学习	6 5 4 3	
教学方法	12	注重趣味教学,调动多种感官进行学习,激发学生学习的兴趣	4 3 2 1	
		面向全体学生,关注个性发展	4 3 2 1	
		能调动学生参与、合作、探究、体验,发挥学生的主动性	4 3 2 1	
教学能力	12	使用生动活泼的教学语言,呈现富有逻辑性的板书设计	4 3 2 1	
		娴熟使用现代教育技术和制作教具,呈现多姿多彩的课堂	4 3 2 1	
		掌握学科教学基本技能,教学组织形式多样化	4 3 2 1	
教学效果	12	知识、能力、情感态度、价值观等多维教学目标的实现	4 3 2 1	
		课堂成为学生活跃思想、交流情感、展示自我的乐园	4 3 2 1	
		不同的学生实现了不同的发展	4 3 2 1	
评价意见			总分	

二、建设"童乐课程",让学生畅游在英语语言的世界里

除了国家课程外,我校遵循学生需求,积极探索开发适合我校学生发展的英语课程,让学生感受英语语言的魅力,提高学生的学习兴趣和效率。

(一)"童乐课程"的设计和开发

"童乐课程"由听说、阅读、写作、表演四个部分组成。课程充分利用和整合教学形式,丰富教学手段,关注学生语言能力和学习能力的提升,凸显思维能力与文化品格的培养。

1. 注重听说,培养语感。英语作为一门外语,学生生活中缺乏真实的语言环境。只有足够多的输入,孩子们才能进行有效的输出。小学阶段是英语学习的启蒙阶段。在这个阶段,我们要尤其注重孩子们的听说输入和输出,培养语感,让英语语言的种子也能在孩子们的知识园地中发芽、成长,并有一席之地。

2. 拓展阅读,提升能力。阅读能力是语言能力的根本,是保障语言学习能够走得长远的必备能力之一。仅仅靠课内有限的篇章来发展阅读能力是完全不够的。因此,我们需要拓展课外阅读,让孩子们可以在丰富的语言素材中,学习语言,学习文化,提升能力。

3. 关注写作,丰富思维。有了听和读的输入,接下来就需要用说和写的输出来巩固语言学习的成果。写作其实是语言学习的应用,在学以致用的同时还能培养英语思维,这才是语言学习最高的能力。同时,也是语言能力转化为文化品质的关键环节。学习英语就是要有包容开放的情怀,学会兼收并用。

4. 表演助力,提升兴趣。语言学习是抽象的学习,需要借助直观的情境来理解抽象的语言。通过表演,孩子们能够较快地融入情境,将学和用有效地结合在了一起。同时,小学阶段的学生生性活泼好动,对表演充满了兴趣。有了表演的助力,学生的兴趣自然就提高了,学习的积极性也会随之见长。

课程内容和课程教学紧密联系,部分课程可根据教学内容利用课堂时间的前五分钟或者是后十分钟;部分课程可利用课外的时间,结合学校活动以及社团活动,让学生在活动中学习,在活动中成长。

(二)"童乐课程"的评价要求

为了更好地促进学生学习效率的提高,我们采取更加开放、多元、多维的表现性评价形式,并且在课程开展中不断发现不足,总结优势,然后及时调整,开发真正适合学生英语学习的课程。"童乐课程"评价量表见表 3-5:

表 3-5 广州科学城实验小学"童乐课程"评价表

评价项目	评价标准	评价等级 A	B	C
课程开发的意义	结合英语课程标准以及学校英语课程的要求,能够提高学生的英语自主学习能力			
课程目标	课程目标清晰明确			
	体现认知、技能和情感的有机结合			
	培养学生自主学习的习惯			
课程内容	关注学科知识的基础性,同时挖掘学科知识的趣味性			
	联系现实生活、学生经验,注意实际应用			
	注意教材内容的整合与综合,丰富教学内容			
课程实施过程评价	创设富有童趣的教学情景,营造生动活泼的课堂氛围			
	注意学生在教师引领下对知识的自主建构性			
	关注课堂教学的情感性			
	关注小学生身心发展的阶段性特征			
	师生积极有效互动,学生在教师的引导下自主、合作、探究学习			
课程效果	知识、能力、情感态度、价值观等多维教学目标的实现			
	课堂成为学生活跃思想、交流情感、展示自我的乐园			
	不同的学生实现了不同的发展			
评价意见				

三、开展"童乐才艺秀",展示孩子们的英语风采

学科组每个学期结合学校以及英语学科的具体情况,开展丰富多彩的英语节活动。英语节鼓励孩子们大胆自信地用英语来表达自己和展示自己,从而获得英语学习的成就感。同时,英语节的活动让孩子们走出英语课堂,进入一个新的英语世界。

(一)"童乐才艺秀"的内容及实施方式

我们学校每个学期都会举行不同主题的英语节活动,有"童乐英语知识大比拼""童乐才艺秀"等。"童乐才艺秀"形式不限,包括与英语有关的演讲、朗诵、讲故事、歌曲、笑话、小品、情景剧、经典名著短剧等,旨在让孩子们通过自我展示,在愉悦的艺术氛围中,增强英语学习的兴趣。

1. 童乐歌曲秀:欢快、有趣的英语童谣符合小学生的身心成长特点,不仅有助于提高学生的英语水平,而且也有助于提高学生的英语学习兴趣。学生歌唱耳熟能详的英语歌曲童谣,并且用丰富的形式将其表现出来。通过这样的歌曲秀,孩子们在增长知识的同时,也提高了学习兴趣。

2. 童乐情景剧:用英文表演生活中的真实场景,充满趣味的表演可以让学生巩固所学的知识,学以致用。作为第二语言的英语十分缺乏真实的语言情境,通过创设童乐情景剧,孩子们可以将英语与现实生活连接起来,非常有意义。

3. 童乐绘本展:绘本故事用简短的文字和色彩丰富的图片描述诙谐的故事和意味深长的道理。学生将看到的英语绘本进行改编,然后画出自己的新故事,能够充分激发学生自主学习和创造的积极性。

(二)"童乐才艺秀"的评价

在"童乐才艺秀"的活动中,我们从节目内容、英文应用、艺术表现、整体形象以及时间控制这五个方面对学生进行评价。"童乐才艺秀"评价量表见表3-6:

表3-6 广州科学城实验小学"童乐才艺秀"评价量表

评价类别	评价内容	得分
节目内容 (满分20分)	表演的节目内容健康向上,节目设计有创意,有立意。	

续 表

评价类别	评价内容	得分
英文运用 （满分35分）	发音清楚，语音准确，语调标准自然，语言表达流畅，在表演中英文运用得当。	
艺术表现 （满分25分）	参赛选手有较强的艺术表现及演绎能力，达到较高的表演水平；能够带动现场气氛。	
整体形象 （满分10分）	选手衣着得体，与所表现的艺术门类相协调。	
时间控制 （满分10分）	时间控制得当，表演在规定时间内完成。（6分钟内）	

四、开展"童乐社团"，丰富学生英语学习体验

为了拓宽学生英语学习的途径，提高学生英语口语的表达能力及表达水平，激发学生学习英语的兴趣，进一步提高学生的听、说、读、写能力，特别是说、演的能力；为学生搭建展示的平台，帮助学生树立学习英语的自信心，形成有效的学习策略，养成良好的学习习惯，丰富小学生的课余生活，同时也为他们今后的英语学习打下更牢固的基础，我校一直都在推进"童乐社团"活动。

（一）"童乐社团"的内容及实施方式

"童乐社团"即充满乐趣的社团，孩子们能够在"童乐社团"中找到英语学习的另一片欢乐的天地。在这里，英语学习的一种乐趣，是一种成就感。

1. "童乐话剧社"：老师通过组织英语兴趣小组，开展课内的活动及课外的指导性自主学习活动，使学生的英语兴趣得到更好的发展，帮助学生进一步了解英语的基本知识，培养学生的语言技能和语言的综合运用能力，提高学生的英语口语交际能力。学习的主要内容有：话剧表演的基础知识以及技能；英语语音，语调；电影配音；诗歌朗诵以及话剧表演。

2. "童乐阅读社"：小学阶段是学生英语学习的起步阶段，孩子们的词汇量还比较小，所以这个阶段适合孩子们阅读的是英文绘本。英语绘本作为教材的补充，不仅能够丰富孩子们的生活体验，充实英语积累，提升语言运用能力，同时也能够帮助学生了

解东西方文化的差异以及升华自己的情感体验。学习的方式主要有：默读、美读、趣配音以及绘本表演等。活动主题、内容、形式有创新，活动组织井然有序，学习氛围浓厚。

（二）"童乐社团"的评价

"童乐社团"的评价是促进社团进一步为学生服务的重要环节。我们采取多样化的过程性评价以及成果的阶段性评价相结合的评价方式，全方位地对"童乐社团"进行评价，以此来丰富学生的课余英语活动，并创设英语语言学习的良好环境。"童乐社团"的评价标准见表3-7：

表3-7 广州科学城实验小学"童乐社团"的评价标准

评价项目	评价标准	评价 A	评价 B	评价 C
过程评价	社团有清晰明确的目标			
	制定可行的管理制度及详细的活动计划			
	活动主题、内容、形式有创新			
	活动组织井然有序，学习氛围浓厚			
	社团名册及活动过程记录详实			
	活动照片及学生作品保存完整			
	教师的指导张弛有度，有针对性			
	每次活动结束后都有相应的总结、反馈、评价			
成果展示	展示形式丰富新颖			
	内容符合社团特点、全面完整			
	活动小组分工合作有序，总结出有借鉴价值的经验与反思			

五、开展"童乐文化活动"，让孩子们在节日的氛围中感受西方文化

由于中西文化的差异，我们常常在理解英语时有障碍。生活即文化，文化即生活。"童乐文化活动"可以为孩子们搭建中西文化的桥梁，拓展国际视野。

(一)"童乐文化活动"的内容和实施方式

"童乐文化活动"帮助学生了解西方文化中的节日和习俗。"童乐文化活动"课程的设置不仅旨在让孩子们了解西方文化,更重要的是让孩子们拓宽视野,加深互相理解。"童乐文化活动"的活动安排表如下,见表3-8:

表3-8 广州科学城实验小学"童乐文化活动"的活动安排表

活动	主题	活动
了解感恩节	感恩父母	1. 制作英文贺卡 2. 制作礼物或准备感恩节目 3. 写一封感恩信
了解圣诞节	了解圣诞节的由来以及内涵	1. 阅读圣诞节绘本 2. 制作圣诞节卡片 3. 对比中国的春节与西方的圣诞节

(二)"童乐文化活动"的评价形式

在实际生活中,只有丰富学生的英语学习活动,才能提高学生学习英语的兴趣。"童乐文化活动"的评价以激励为主,采用多种方式进行评价,如教师评价与学生的自评、互评相结合,让学生在活动中感受中英语言的差异。"童乐文化活动"的评价标准见表3-9:

表3-9 广州科学城实验小学"童乐文化活动"的评价标准

评价项目	评价标准	评价 A	B	C
活动目标	尽可能地涵盖小学生的知识技能、情感态度、价值观以及学习方法等方面			
	符合小学生的身心发展特征			

续　表

评价项目	评价标准	评价 A	B	C
活动过程	活动过程记录详实			
	活动照片及学生作品保存完整			
	教师的指导张弛有度,有针对性			
	每次活动结束后都有相应的总结、反馈、评价			
活动效果	展示形式丰富新颖			
	学生能够对中西文化的差异有进一步的了解			
	总结出有借鉴价值的经验与反思			

总之,"童乐英语"课程实施旨在全面提升学生的英语学习水平,本着为学生终身发展服务的理念,同时能不断促进英语教学的发展,是符合时代背景需求的改革和创新。"童乐英语"通过丰富多彩的内容加深学生对英语语言的理解,提升学生的综合语言运用能力。

(撰稿人:魏静思　林裕姗)

第四章
童趣体育：让儿童感受体育的快乐

体育课程是以身体练习为主要手段，通过科学的体育教育和体育锻炼方法，培养学生掌握必要的体育与健康知识、技能和方法，养成体育锻炼习惯和健康的生活习惯。"童趣体育"就是健康、快乐、终身的多元体育，在这里每个孩子都能找到展示自己的舞台，每个孩子都能健康快乐地成长。体育让孩子们回归童真，让童年生活多姿多彩，让童心飞扬，童年绽放。

广州科学城实验小学体育科组,共有教师6人,其中小学副高级教师1人,小学二级教师3人,2人未评。师资队伍结构较为合理,既有经验丰富的老教师,也有青年教师作为中流砥柱。学校自2018年开始开展"体育节"活动,不仅给学生提供了一个展现自我的舞台,更提高了学生的运动技巧及自信心,充实了校园文化生活。体育科组多次带领校运动队,参加区、市级及以上比赛,均获得优异成绩。教师们专业扎实、勤于研究、敢于创新;广州科学城实验小学学子思维活跃、敢于拼搏、精神活跃,师生们优秀的工作风格和学习品质为我们体育课程开发提供了有利的保障。我们根据《义务教育体育与健康课程标准(2022年版)》等文件精神,推进我校体育学科课程建设,取得了可喜的成效。

第一节　种下身心健康的种子

一、学科性质

根据《义务教育体育与健康课程标准(2022年版)》指出:"义务教育体育与健康课程是学校教育的重要组成部分,对促进学生德智体美劳全面发展具有非常重要的价值[①]。"

体育与健康是人类生活的重要组成部分,和人类的生活息息相关。体育课程是以身体练习为主要手段,培养学生掌握必要的体育与健康知识、技能和方法,养成体育锻炼习惯和健康的生活习惯,为学生终身体育发展和健康生活奠定良好的基础;同时融合部分健康行为与生活方式、生长发育与青春期保健、心理健康与社会适应、疾病预防、安全应急与避险等方面的知识和技能。体育与健康课程具有基础性、实践性、健身性、综合性四大特性。

体育与健康课程对于提高学生的体质和健康水平,促进学生全面和谐发展,培养社会主义现代化建设需要的高素质劳动者,具有极为重要的作用。

通过体育与健康课程的学习,学生将在趣味、和谐、平等的运动环境中感受到集体的力量和情感的愉悦;在经历挫折和克服困难的过程中,提高抗挫折能力和情绪调节能力,培养坚强的意志品质。

二、学科课程理念

在不断的教学实践中,我们把趣味化融入体育课堂,让学生主动参与,积极探索、思考,在玩的过程中,体验体育学科的魅力。学校明确提出了"童趣体育"的课程理念,让学生走进"童趣",在这里每个孩子都能找到展示自己的舞台,每个孩子都能健康快

[①] 中华人民共和国教育部.义务教育体育与健康课程标准(2022年版)[S].北京:北京师范大学出版社,2022:1.

乐地成长。体育让孩子们回归童真,让童年生活多姿多彩,让童心飞扬,童年绽放。

(一)"童趣体育"是健康的体育

"童趣体育"以"健康第一"为指导思想,不仅让学生了解运动技能知识,更重要的一点是了解运动健康、心理健康与社会适应、运动损伤等相关知识。我校努力构建体育的知识与技能、过程与方法、情感态度与价值观有机统一的课程目标和课程结构,在强调体育学科特点的同时,融合与学生健康成长相关的知识。

(二)"童趣体育"是快乐的体育

"童趣体育"注重与学生的学习和生活经验相联系,引导学生体验运动的乐趣,提高学生体育学习水平;重视对学生进行正确的体育价值观和责任感的教育,培养学生刻苦锻炼的精神,促进学生主动参与体育活动,形成体育锻炼的习惯。

(三)"童趣体育"是终身的体育

"童趣体育"重视培养学生的运动爱好和专长,强调学生系统学习1—3个运动项目。引导学生积极参与日常体育锻炼、体育社团活动和形式多样的体育竞赛活动,形成锻炼习惯和学科核心素养。因此,学习目标的确定、教学内容的选择和教学方法的选用,应遵循体育教育教学规律,特别关注学生的运动基础、体育文化认知、兴趣爱好和个性发展,促使学生积极、主动地进行体育学习和锻炼,全面提高所学项目的运动水平,充分体验体育学习的成就感,树立积极的自我价值观,为形成终身体育的习惯和能力奠定良好的基础。

(四)"童趣体育"是多元的体育

"童趣体育"重视促进学生更好地达成课程目标和形成学科核心素养,注重评价的激励、反馈和发展功能,构建主体多元、内容全面、方法多样的评价体系。在评价主体方面,"童趣体育"提倡在以教师评价为主的基础上,引导学生积极进行自我评价和相互评价;在评价内容方面,重视对学生的运动能力、健康行为和体育品德进行综合评价;在评价方法方面,倡导定量评价与定性评价、相对性评价与绝对性评价、形成性评价和终结性评价相结合。评价中特别要关注那些运动基础相对较差但学习态度很好的学生,真正体现评价的激励和发展功能,增强他们体育与健康学习的自信心和自尊心。多元的体育与健康学习评价体系注重与学业质量标准紧密联系,使得学业质量标准的使用更有助于学生形成学科核心素养,获得全面发展。

第二节　全面发展学生体育核心素养

《义务教育体育与健康课程标准(2022年版)》指出:"通过课程的学习,学生能享受运动乐趣,掌握各种体能的学练方法,积极参与各种体能练习,达到《国家学生体质健康标准(2014年修订)》的相应要求,改善体形,保持良好的身体姿态;学生能理解体育锻炼对健康的重要性,积极参加校内外体育锻炼,逐步形成体育锻炼意识和习惯;掌握个人卫生保健、营养膳食、青春期生长发育、常见疾病和运动伤病预防、安全避险等知识与方法,并运用在学习和生活中;了解和体验体育活动对心理健康的积极影响,学会调控自己的情绪,积极应对挫折和失败,保持良好的心态;主动同他人交流与合作,知道在不同环境下进行体育锻炼的方法和注意事项,逐步适应自然环境和社会环境。学生能理解参与体育学练、展示或比赛对个人品德塑造的重要性;积极参与体育活动,在遇到困难或挑战自身身体极限且保证安全的情况下能克服困难、坚持到底,与同伴一起顽强拼搏;遵守体育游戏、展示或比赛规则,相互尊重,诚实守信,具有公平竞争的意识和行为;充满自信,乐于助人,表现出良好的礼仪,承担不同角色并认真履行职责,正确对待成败;能将体育运动中养成的良好体育品德迁移到日常学习和生活中①。"我校根据"童趣体育"的课程理念,设置体育学科课程目标。

一、学科课程总体目标

《义务教育体育与健康课程标准(2022年版)》指出:"体育与健康课程要培养核心素养,主要指学生通过体育与健康课程学习而形成的正确价值观、必备品格和关键能力②。"我校将"童趣体育"总体目标分为运动能力、健康行为和体育品德三个学习方面,各方面的说明及目标如下:

(一) 运动能力

运动能力是指学生在参与体育运动过程中所表现出来的综合能力。运动能力包

---

① 中华人民共和国教育部.义务教育体育与健康课程标准(2022年版)[S].北京:北京师范大学出版社,2022:6—7.
② 中华人民共和国教育部.义务教育体育与健康课程标准(2022年版)[S].北京:北京师范大学出版社,2022:5.

括体能状况、运动认知与技战术运用、体育展示或比赛三个维度,主要体现在对基本运动技能、体能、专项运动技能的掌握与运用。

(二) 健康行为

健康行为是指学生增进身心健康和积极适应外部环境的综合表现。健康行为包括体育锻炼意识与习惯、对健康知识与技能的掌握和运用、情绪调控、环境适应四个维度,主要体现在养成良好的锻炼、饮食、用眼、作息和卫生习惯,树立安全意识,控制体重,远离不良嗜好,预防运动损伤和疾病,消除运动疲劳,保持良好心态,适应自然和社会环境等。

(三) 体育品德

体育品德是指学生在体育运动中应当遵循的行为规范和体育伦理,以及形成的价值追求和精神风貌。体育品德包括体育精神、体育道德和体育品格三个维度。体育精神主要体现在积极进取、勇敢顽强、不怕困难、坚持到底、团队精神等;体育道德主要体现在遵守规则、尊重裁判、尊重对手、诚信自律、公平竞争等;体育品格主要体现在自尊自信、文明礼貌、责任意识、正确的胜负观等。

二、学科课程年段目标

依据体育课程标准、教材、教参以及体育课程总目标,学科组拟定了六年的课程目标。这里以一年级为例(见表4-1):

表4-1 广州科学城实验小学"童趣体育"课程一年级目标

目标 单元		上册	下册
第一单元		共同要求 1. 了解上体育课的意义及上好体育课的要求,为以后上好体育课打好基础。 2. 通过游戏使学生知晓自己在队列中的位置,初步形成队列意识。	共同要求 1. 初步了解做早操的好处,激发学生做早操的兴趣。 2. 初步学会快速排队的方法,引导学生按顺序出入教室并保持安静。

续 表

目标单元	上册	下册
	3. 提高学生的反应能力,增强学生的记忆力,培养学生服从命令、听从指挥、遵守纪律的良好习惯。 校本要求 1. 初步学习和掌握单个动作技巧和联合动作的方法和技能。 2. 仿生动作,象行和兔跳形象活泼,易引起学生的练习兴趣,有助于发展学生腹背肌和上肢力量协调性,提高学生控制身体的能力。 3. 发展学生身体柔韧性、灵敏度、协调性、平衡能力、速度等素质。	3. 激发学生勇于展示自己动作的勇气和信心,树立一切行动听从指挥的作风。 校本要求 1. 学会部位操中的头部、肩部、扩胸振臂运动的动作,发展学生身体协调性,提高学生的节奏感。 2. 学会部位操中的腹背、正压腿、侧压腿与手腕脚踝关节运动,发展学生的身体协调性,提高学生的节奏感。
第二单元	共同要求 1. 观摩高年级同学上体育课的过程,掌握快速集合与解散的队形队列方法,提高学生自我表现与群体合作的意识。 2. 掌握立正与稍息的动作方法,增强服从命令、听从指挥和遵守纪律的习惯。学会部位操中的头部、肩部、扩胸和振臂运动的动作,发展学生的身体协调性,提高学生的节奏感。 3. 掌握横队向右(左)看齐的动作方法,增强学生服从命令、听从指挥和遵守纪律的好习惯。 4. 复习已学习的队列队形动作,强化学生行动迅速和听从指挥的意识。 校本要求 1. 初步学习和掌握技巧单个动作和联合动作的方法和技能。 2. 滚动,不经过头部,只是身体各部位依次连续接触垫子的动作,让学生体会团身姿势和身体依次接触垫子的感觉。 3. 发展学生身体柔韧、灵敏、协调、平衡能力、速度等素质。	共同要求 1. 进一步掌握连续并脚跳绳的动作方法,培养学生的时间感和空间感,增强上下肢协调性。 2. 初步学会连续单脚交换跳绳技术,提高学生弹跳力,促进上下肢协调发展。 3. 初步学会齐心协力游戏,培养学生协同运动能力。 4. 进一步学会单脚交换跳绳的动作方法,提高摇绳和跳绳的配合能力。 校本要求 1. 体会200—400米跑交替的动作方法,掌握正确的走、跑姿势和自然呼吸法。 2. 进一步学习走跑交替技术动作,初步掌握走、跑节奏和自然呼吸的方法。 3. 通过半圆形跑道提高学生走跑交替技术,掌握平稳交替的方法,提高学生走跑能力。 4. 进一步学习走跑交替,发展学生跑步能力、下肢力量及心肺功能。

续 表

目标单元	上册	下册
第三单元	共同要求 1. 学会广播操中《希望风帆》的预备节和伸展运动,发展身体协调性和节奏感,培养音乐节奏感。 2. 学会广播操中《希望风帆》的扩胸运动和踢腿运动,发展身体协调性和节奏感,培养音乐节奏感。 3. 学会广播操中《希望风帆》的体侧运动和体转运动,发展身体协调性和节奏感,培养音乐节奏感。 4. 学会广播操中《希望风帆》的腹背运动和跳跃运动,发展身体协调性和节奏感,培养音乐节奏感。 5. 学会广播操中《希望风帆》的整理运动,并复习之前学过的章节动作,发展身体协调性和节奏感,培养音乐节奏感。 校本要求 1. 初步学习和掌握技巧单个动作和联合动作的方法和技能。 2. 学习劈叉,劈叉属于静力性的技巧动作,安排纵叉、横叉动作练习。 3. 发展学生下肢肌肉、髋关节灵活性和平衡能力,促进柔韧性发展,培养学生勇于克服困难的意志品质。	共同要求 1. 掌握拍手操动作,培养学生良好的身体姿态和节奏感,提高学生的想象力和模仿能力。 2. 复习拍手操动作,培养学生良好的身体姿态和节奏感,提高学生的想象力和模仿能力。 3. 掌握横叉动作,培养学生良好的身体姿态和肌肉韧带。 4. 掌握纵叉动作,培养学生良好的身体姿态。 校本要求 1. 通过跳跃与游戏使学生初步获得跳跃的简单知识,体验并初步学会单脚或双脚起跳,以及向远处或高处跃起并轻巧落地的方法和基本技能。 2. 模仿动物跳,如青蛙、小兔子、袋鼠等,发展学生跳跃能力和灵敏度、协调性,发挥学生的模仿、想象、创新和表现能力。
第四单元	共同要求 1. 掌握左右滚动方法,能简单叙述动作要领,发展身体灵巧、协调等基本活动能力。 2. 初步了解前滚翻的动作要领,学习滚动时低头、团身、抱小腿的技术动作,发展学生柔韧、灵敏的身体素质和空间能力。 3. 初步学会前滚翻动作方法,体会滚翻时团身紧的动作,发展灵敏、协调素质,提高滚翻能力。	共同要求 1. 初步学会跳单、双圈的方法,提高学生的灵巧性和跳跃能力。 2. 初步学会立定跳远的动作方法,动作协调用力,提高学生跳跃能力和协调性。 3. 进一步掌握立定跳远的动作方法,提高学生的协调性和跳跃能力。 4. 进一步提高立定跳远能力,动作协调用力,屈膝、双脚发力,同时配

续 表

目标单元	上册	下册
	4. 初步学会前滚翻动作方法,体会滚翻时后成蹲撑的动作,发展柔韧、灵敏的身体素质,提高空间能力。 校本要求 1. 初步学习和掌握技巧单个动作和联合动作的方法和技能。 2. 滚翻,前滚翻由头部开始,经颈、肩、背、腰、臀等身体部位依次着垫的动作。 3. 发展学生身体柔韧、灵敏、协调、平衡能力、速度等素质。	合手臂上摆,落地后脚跟过渡到前脚掌,提高学生下肢力量。 5. 巩固提高学生立定跳远的技术方法,进行考核,提高学生身体的灵巧性和跳跃能力。 校本要求 1. 通过跳跃与游戏使学生初步获得跳跃的简单知识,体验并初步学会单脚或双脚起跳,向远处或高处跃起并轻巧落地的方法和基本技能。 2. 集体双脚跳,发展学生跳跃能力和集体协同一致动作的方法。
第五单元	共同要求 1. 学习各种方式的身体姿态,如站、卧、爬等动作的学习,使学生体会身体的各个形态,发展身体协调能力。 2. 通过模仿各种人和动物的走路方式,发展身体的协调性,增强下肢肌肉的力量和手脚配合协调能力,提高观察、模仿、想象的能力。 3. 学习各种走的方式,掌握走的正确方法,纠正错误动作,发展身体的协调能力。 校本要求 1. 初步学习和掌握技巧单个动作和联合动作的方法和技能。 2. 仰卧推起成桥,两脚蹬地,挺髋、伸膝的同时两手与肩上推撑垫,成"桥"。 3. 发展学生身体柔韧、灵敏、协调、平衡能力、速度等素质。	共同要求 1. 初步学习上手持轻物掷准的方法,提高学生的上肢力量和协调能力。 2. 进一步提高学生上手持轻物掷准的动作方法,增强学生的上肢力量和判断力,促进身体协调发展。 3. 初步学习原地侧身投掷轻物的动作方法,体会动作的协调、连贯性,发展学生上肢力量及身体协调性。 4. 进一步指导学生,引臂、蹬地、转体、挥臂、及时出手动作,注意动作协调与连贯,提高掷远能力。 5. 进一步提高学生原地侧身投掷轻物的动作连贯性,进行考核,增强学生的上肢力量,发展投远能力。 校本要求 1. 通过跳跃与游戏使学生初步获得跳跃的简单知识,体验并初步学会单脚或双脚起跳,向远处或高处跃起并轻巧落地的方法和基本技能。 2. 跳单、双圈,发展学生跳跃能力和身体的协调能力。

续 表

目标单元	上册	下册
第六单元	共同要求 1. 学生在情境中体会各种姿势起步的自然跑,训练学生快速反应和快速奔跑的能力,发展下肢力量、协调性、灵敏性,提高快速奔跑能力。 2. 学生在各种信号中体验起跑动作,训练学生快速反应和奔跑能力,发展下肢力量、协调性和灵敏性,提高快速奔跑能力。 3. 学生在游戏中体验各种方式的追逐跑,发展下肢力量、协调性和灵敏性,提高快速奔跑能力。 4. 通过各种方式的换物跑游戏,发展下肢力量、协调性和灵敏性,提高快速奔跑能力。 校本要求 1. 通过各种方式的走与各类游戏,使学生知道走的相关知识、术语,学习自然走的基本方法,初步掌握自然走的正确姿势,发展走的能力和身体素质。 2. 自然走,身体正直,自然挺胸,两眼平视前方,两臂与异侧腿的动作方向相同,脚尖朝前,跟落滚蹬。	共同要求 1. 学会听到起跑信号后迅速做出反应,快速向前奔跑,提高学生的反应速度和灵敏性。 2. 初步掌握站立式起跑的方法,提高学生的反应速度和起跑的灵敏性。 3. 进一步学习站立式起跑及跑步动作,发展起跑后加速跑能力,起跑后双脚快速充分后蹬,两臂以肩为轴积极摆臂,上下肢协调配合,提高学生的协调性,增强下肢力量。 4. 进一步掌握站立式起跑和 30 米快速跑的动作方法,发展学生途中跑能力,发展学生快速反应能力,提高快速跑技巧。 5. 进一步巩固提高学生 30 米快速跑的动作方法,初步掌握冲刺技术动作,提高快速奔跑能力。 校本要求 1. 通过跳跃与游戏使学生初步获得跳跃的简单知识,体验并初步学会单脚或双脚起跳,向远处或高处跃起并轻巧落地的方法和基本技能。 2. 立定跳远,让学生体会双脚蹬地的同时手臂上摆并迅速向上跃起的动作,发展学生下肢力量及跳跃能力。
第七单元	共同要求 1. 通过模仿小动物,学习双脚连续跳跃动作,发展学生下肢力量,提高跳跃能力。 2. 初步学会双脚蹬地跃起并同时落地的动作方法,发展学生的下肢力量,提高跳跃能力。	共同要求 1. 初步学习爬体操凳的方法,提高学生灵巧、协调的素质和平衡能力。 2. 初步学会上、下肢同侧爬体操凳的方法,增强学生灵巧、协调的素质和平衡能力。

续 表

目标 单元	上册	下册
	3. 初步学会立定跳远轻巧落地的动作方法，发展身体协调性，提高跳跃能力。 4. 初步学会立定跳远的双脚蹬地跃起，向远处跳出，并能双脚轻巧落地的动作方法。发展腿部的爆发力，提高跳跃能力。 5. 初步学会跳单、双圈的动作方法，促进学生身体机能的发展，提高学生腿部的爆发力和跳跃能力。 校本要求 1. 通过各种方式的走与游戏，使学生知道走的相关知识、术语，学习自然走的基本方法，初步掌握自然走的正确姿势，发展走的能力和身体素质。 2. 大步走是发展走的能力的一种手段，加大步幅的同时，保持正确自然走步的姿势。	3. 初步学会韵律操的动作方法，让学生感受韵律体操的不同节奏，培养学生正确的身体姿势和韵律感。 校本要求 1. 通过跳跃与游戏使学生初步获得跳跃的简单知识，体验并初步学会单脚或双脚起跳，向远处或高处跃起并轻巧落地的方法和基本技能。 2. 跑几步，单脚踏跳，双脚入坑，体会跑几步，单脚起跳双脚落入沙坑的动作，发展身体灵敏、协调能力和下肢力量。
第八单元	共同要求 1. 初步学会单踏双落的动作方法，以此强化学生单脚踏跳的意识，发展跳跃能力，提高动作的灵活性和协调性。 2. 进一步学习单踏双落的动作方法，发展腿部力量，提高学生跑动中单脚积极踏跳的能力。 校本要求 1. 通过各种方式的走与游戏，使学生知道走的相关知识、术语，学习自然走的基本方法，初步掌握自然走的正确姿势，发展走的能力和身体素质。 2. 了解两臂放在不同部位的前脚掌走，强化正确姿势自然走和发展下肢力量的手段，在两臂不断变化动作的行走中，保持上体正直。	共同要求 1. 初步了解前滚翻的动作要领，滚动低头、团身、抱小腿的技术动作，发展学生柔韧、灵敏的身体素质和空间能力。 2. 初步学会前滚翻动作方法，体会滚翻时团身紧的动作，发展灵敏、协调素质，提高滚翻能力。 3. 初步学会前滚翻动作方法，体会滚翻时后成蹲撑的动作，发展柔韧、灵敏的身体素质，提高空间能力。 校本要求 1. 在音乐下进行韵律操，初步学会韵律体操1—2节动作方法，培养学生正确的身体姿势。 2. 在音乐下进行韵律操，初步学会韵律体操3—4节动作方法，培养学生正确的身体姿势。

第三节 与"趣"为伴，与"动"为伍

我校的"童趣体育"课程开发以《义务教育体育与健康课程标准（2022年版）》为具体理论支撑，结合自身的实际情况，始终贯彻坚持"健康第一"的指导思想，以促进学生健康快乐成长为主要目标，开发丰富的体育学科拓展课程，构建相互补充、相互促进的课程体系，适应学生个性发展的需求。

一、学科课程结构

根据《义务教育体育与健康课程标准（2022年版）》中的要求，小学义务教育分水平一、水平二、水平三三个阶段，内容主要包括基本运动技能、体能、健康教育、专项运动技能和跨学科主题学习[①]，我校结合自身实际情况，对本校的体育教学资源进行整合，结合小学生的年龄发展特点以及我校的育人目标而自主开发"童趣体育"课程，分为"童趣参与""童趣运动""童趣健康""童趣适应"。"童趣体育"课程体系组成如图4-1所示：

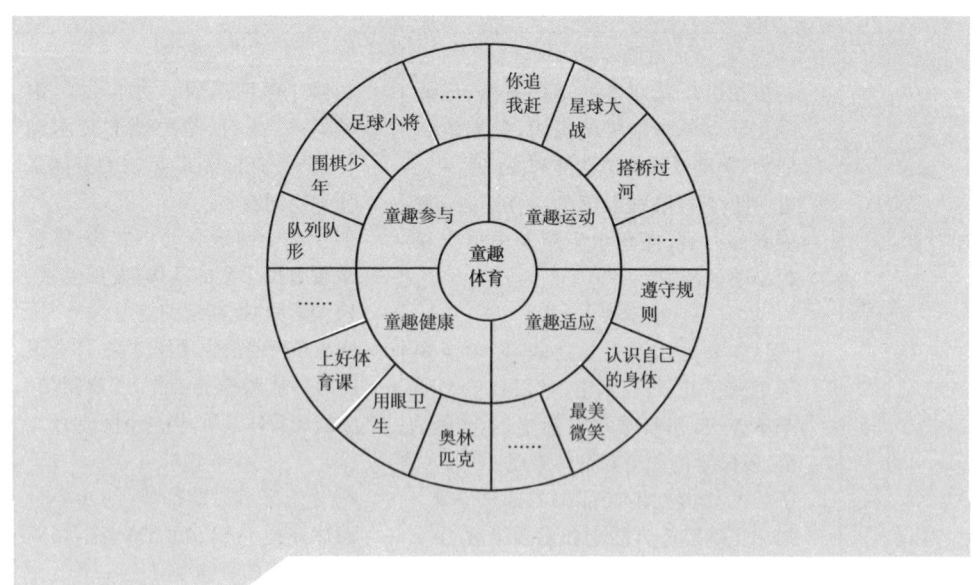

图4-1 广州科学城实验小学"童趣体育"课程体系示意图

---

① 中华人民共和国教育部.义务教育体育与健康课程标准（2022年版）[S].北京：北京师范大学出版社，2022：10.

具体表述如下:

(一) 童趣参与

内容为小学各阶段引导学生体验运动乐趣,激发、培养学生的运动兴趣和参与意识。该类课程通过丰富有趣的内容、形式多样的方法,让学生体验运动的乐趣与成功。

(二) 童趣运动

内容为小学各阶段引导学生注重体育游戏学习,发展学生的基本运动能力。让学生学习体育运动知识,掌握运动技能和方法,增强安全意识和防范能力。

(三) 童趣健康

内容为小学各阶段通过趣味的方式、方法,引导学生努力学习和锻炼,全面发展学生体能,提高学生适应环境变化的能力,使学生形成关注自身健康的意识和行为,懂得合理饮食、培养良好的行为习惯和疾病预防对身体发育和健康的影响。

(四) 童趣适应

内容为小学各阶段注重培养学生自尊、自信、不怕困难、坦然面对挫折的精神品质,引导学生在体育活动中学会交流,培养学生的自信心、坚强的意志品质、良好的体育道德、合作精神与公平竞争的意识。

二、学科课程设置

"童趣体育"以课程目标的达成和核心素养的落实为出发点,1—6年级"童趣体育"课程设置如下所示(见表4-2):

表4-2 广州科学城实验小学"童趣体育"课程设置表

年级	内容	课程类别	童趣参与	童趣运动	童趣健康	童趣适应
一年级	上学期		队列队形	小蜜蜂找家	上好体育课	融入新集体
	下学期		横叉纵叉	穿越烽火线	坐立行我最美	团结就是力量

续表

课程类别 / 内容 / 年级		童趣参与	童趣运动	童趣健康	童趣适应
二年级	上学期	蹦床能手	跳绳我最棒	饮水有益健康	情绪管理小课堂
	下学期	体操健将	小青蛙过河	阳光运动身体好	助人为乐我最棒
三年级	上学期	围棋少年	你追我赶	安全运动促健康	困难我不怕
	下学期	跳绳达人	星球大战	运动前后饮食卫生	最美微笑
四年级	上学期	运球比多	搭桥过河	营养不良与肥胖	同伴给我力量
	下学期	旋风小子	足球碰碰碰	用眼卫生	遵守规则
五年级	上学期	足球小将	趣味耐力跑	奥林匹克	认识自己的身体
	下学期	游泳小将	小兔子锻炼	迈入青春期	遇到挫折不害怕
六年级	上学期	篮球神投手	双人对垫	轻度损伤自我处理	一"童"成长
	下学期	抛球达人	花样篮球	识别危险源	体育精神伴我行

三、学科课程内容

"童趣体育"课程的课程框架如下表所示(见表 4-3)：

表 4-3　广州科学城实验小学"童趣体育"课程框架表

年级	课程类别	课程名称	课程内容
一年级	上学期	队列队形	1.立正、稍息。2.看齐。3.报数。4.集合、解散。5.原地踏步走、立定。6.原地转法。
		小蜜蜂找家	组织形式多样、生动有趣,开展基本动作练习,提高学生协调性、灵活性。
		上好体育课	1.认识体育教师,知道学习体育的重要性。2.了解学校体育活动的情况。3.怎样上好体育课。4.课后"三不要"。
		融入新集体	在新的合作环境中愉快地进行体育活动和体育游戏,与同学友好相处。如在重新分组后很快地和新伙伴一起愉快地活动等。
	下学期	横叉纵叉	1.横叉:直立,两腿左右分开,体前屈,两手撑地,两脚向左右外滑,在滑动中两膝伸直,两踝逐渐绷直,滑到两腿内侧全部着垫,两手推垫,两臂侧平举,抬头、挺胸,腹部微收。2.纵叉:站立,一腿向前滑,使两腿前后逐渐分开,以大腿着地,脚面绷直,上体正直,面向正前方,两臂放体侧,两手撑地。
		穿越烽火线	1.自然走与游戏。2.大步走与游戏。3.爬行。
		坐立行我最美	1.把自己正确的坐姿、立姿、行姿展示给大家看看。2.脊柱的诉说:以脊柱为第一人称,诉说不正确的坐、立、行姿势带来的危害。
		团结就是力量	在体育活动中以小组为单位共同完成体育活动和体育游戏,体会团结的力量。
二年级	上学期	蹦床能手	以基本蹦床操和基本体操动作为主。
		跳绳我最棒	1.跳短绳:并脚跳。2.跳长绳:合作跳。
		饮水有益健康	1.人为什么要喝水。2.我们要喝什么样的水。3.我们要喝多少水。4.怎样饮水才健康:(1)不要等到口渴时才喝水。(2)不要过快补水。(3)吃饭的时候不宜喝水。(4)饮料不宜多喝。
		情绪管理小课堂	体验体育活动中的情绪的变化。如体验体育活动前后情绪变化的感受等。

续 表

年级	课程类别名称	课程名称	课程内容
	下学期	体操健将	1.模仿操。2.拍手操。
		小青蛙过河	1.模仿动物跳与游戏。2.集体双脚连续向前跳与开火车游戏。3.跳单、双圈与游戏。
		阳光运动身体好	1.适度照射阳光。2.经常呼吸新鲜空气。3.阳光运动身体好。
		助人为乐我最棒	在体育活动中表现出对同学的关心与爱护,乐于帮助同学。如当同学在体育学习中遇到困难或需要帮助时,能够主动提供帮助等。
三年级	上学期	围棋少年	1.了解围棋文化及其起源。2.了解围棋基础知识及专业术语。3.了解围棋规则及判定方式。
		你追我赶	1.50米快速跑。2.接力跑。3.障碍跑。4.让距跑。5.追逐跑。
		安全运动促健康	1.运动好处多。2.体育运动中的安全:(1)运动前:穿着合适的运动服装,不带硬物和与运动无关的东西;做好准备活动;在平坦、适合运动的场地运动;注意检查运动器械是否安全可靠。(2)运动中:运动时注意力要集中;要遵守运动规则和方法;在体育课上一定要遵守体育课堂常规,不做危险的动作,按要求进行活动,不在运动中吃东西,不在教室或走廊奔跑或玩耍。(3)运动后:运动后应做放松整理活动;不能马上大量喝水、吃冷食;不能马上用凉水冲头和洗澡。
		困难我不怕	在有一定困难的体育学习和锻炼中坚持完成任务。
	下学期	跳绳达人	1.跳短绳:并脚跳、双脚交换跳。2.双摇或多摇。
		星球大战	1.原地投掷沙包、上步投掷沙包。2.双手前掷实心球。
		运动前后饮食卫生	1.运动前后的饮水。2.运动前后的进食。
		最美微笑	在体育活动中保持高昂的情绪和微笑。

续 表

年级	课程类别名称	课程名称	课程内容
四年级	上学期	运球比多	1.培养球性与球感。2.发展小篮球运球能力。
		搭桥过河	仰卧推起成桥,以情景导入,生动形象地让学生掌握推起成桥的动作要领及方法。
		营养不良与肥胖	1.造成营养不良的主要因素。2.营养不良的危害。3.少年儿童肥胖的原因。4.肥胖的危害。5.远离营养不良和肥胖。
		同伴给我力量	在体育活动中主动与同伴交流与合作。
	下学期	旋风小子	1.了解棒球的基本规则。2.了解棒球中攻方和守方的规则及要求。3.了解不同位置应做的事情。
		足球碰碰碰	1.熟悉球性。2.脚内侧踢球和脚背正面踢球。3.脚内侧接地滚球和脚底接地滚球。
		用眼卫生	1.读书写字的用眼卫生。2.看电视的用眼卫生。3.使用电脑的用眼卫生。
		遵守规则	初步了解体育道德,并注意规范自己的体育行为。
五年级	上学期	足球小将	1.脚背内侧传球。2.脚背正面接球。3.脚背正面射门。4.脚背外侧传球。
		趣味耐力跑	1.50米×8往返跑。2.1000米变速跑。3.折返跑。
		奥林匹克	1.现代奥林匹克运动会的兴起与发展。2.中国的奥运之路。3.北京奥运会——无与伦比的奥运盛会。4.伦敦奥运会——我国代表队创境外参赛最佳成绩。
		认识自己的身体	正确认识自己及他人的身体条件和运动能力,并对自己充满信心。
	下学期	游泳小将	1.熟悉水性,克服恐惧。2.蛙泳学习。3.完成25米×2蛙泳。
		小兔子锻炼	1.侧向助跑跳高。2.左右跨跳橡皮带。3.四人合作跳高比赛。
		迈入青春期	1.什么是青春期。2.生长发育突增。3.第二性征发育特点。
		遇到挫折不害怕	在体育活动中遇到挫折时注意控制自己的情绪,表现出自制能力。

续 表

年级 \ 课程类别 \ 名称		课程名称	课程内容
六年级	上学期	篮球神投手	1.熟悉球性。2.定点投篮。
		双人对垫	1.了解拍球、垫球部位及手势。2.独自完成抛、垫球动作。3.双人互抛互垫。
		轻度损伤自我处理	1.烫烧伤:迅速脱离热源,冷水冲淋,保护受伤部位,创面处理。2.割伤:浅表小伤口,先按压止血,然后用淡盐水或凉白开清洁伤口,再用酒精或碘伏消毒皮肤。3.刺伤:如有异物应小心地顺着刺的方向将异物取出,然后消毒。4.擦伤:用水冲洗损伤部位,可用淡盐水或凉白开边冲边用干净棉球擦洗创面,将脏物除去,再用酒精或碘伏消毒创面。5.挫伤:挫伤后应停止活动,有利于损伤的修复。
		一"童"成长	乐意融入团队体育活动并完成自己的任务。
	下学期	抛球达人	双手前掷实心球。
		花样篮球	1.掌握篮球的基本规则。2.花式运球动作。
		识别危险源	1.危险源的概念。2.危险标志。3.识别校园中的危险源。
		体育精神伴我行	友谊第一、比赛第二,正确对待体育活动中的相对较弱者。

第四节　缤纷多彩的体育文化生活

"童趣体育"课程是以《义务教育体育与健康课程标准(2022版)》为标准,结合我校实际情况,对本校的体育教学资源进行整合,补充必修及选修课程的一系列课程。建设体育课程体系的根本目的是对国家课程进行补充,避免其过于统一、宽泛以及系统化,使学校的整个体育教学成为一个灵活的系统,既有国家课程作为骨架支撑,又有具有学校特色的体育课程来进行填充,真正做到以人为本,将学生的发展放在首位。体育学科通过构建"童趣课堂",依据学情,由浅入深,分年级、分学期实施课程计划。

一、构建"童趣课堂",提高学生学习兴趣

"童趣课堂"是结合青少年学生的身体和心理发展特点所制定的教学方法,相比于传统的体育与健康教学课堂,虽然其表现形式依然为传统的跑步、走步、跳跃等,但在固定的表现形式上加入趣味性元素,将充满娱乐性的体育游戏与体育知识相结合,激发学生对体育锻炼的兴趣和能力。童趣体育大课堂的本质是娱乐,是学生在紧张的学习氛围下进行的放松活动。在新课程改革不断深入的背景下,体育教学的内容和方法也在不断创新,其教学目标是将娱乐和健身融为一体,而不是为了学习体育知识进行专业的训练,更不是作为竞技项目获得成绩。学生在参与活动过程中,可以不在乎成绩名次的影响,没有紧张的学习压力,可以将真实的热情和潜力表现在体育活动中,打破传统体育课堂压抑的氛围,在带动学生积极性的同时,增强学生的身体素质,促进其健康发展。

(一)"童趣课堂"的基本要求

"童趣课堂"遵循以人为本的原则,提出了童趣、饱满、丰富、活泼、多元五个基本要求。

童趣:课堂教学中融入"童味教育"的思想,教学过程中把握"乐学会学"的教学理念。

饱满:课程目标切合实际,促进不同学生的个性发展,培养学生良好的学习习惯,

实现知识、能力、情感态度、价值观等多维教学目标。

丰富：教学内容要丰富多彩，教师创造性地使用教材，促使学生综合能力的全面发展。

活泼：教学过程应当遵循儿童的身心特点，尊重孩子的个性需求，设计丰富多彩的童味体育活动，让孩子们找到自己最感兴趣的内容，快乐学习，让每一颗童心都快乐飞扬，让学生获得积极、愉悦的情感体验。

多元：教学评价要多元化，教师利用多种评价方式，促进学生核心素养的提高、能力的发展。

(二)"童趣课堂"的评价要求

我们设计了符合"童趣课堂"内涵的"童趣体育课堂评价量化表"，以量化的方式对课堂进行评价。听评课后，由听课教师填写评价表交给执教教师，并作为教师成长足迹的重要组成部分，通过评价量化分数曲线图的绘制，记录教师课堂教学成长的过程。评价表如下所示(表4-4)：

表4-4 广州科学城实验小学"童趣体育"课堂评价量化表

教师姓名		性别		年龄		上课时间	年 月 日		
课题						年级	学科		
评价项目	分值	评价要点					评价等级			小计
							A	B	C	D	
教学文化童味	10	课堂教学中融入"童趣教育"的思想，教学过程中把握"乐学会学"的教学理念					10	8	6	4	
教学目标饱满	20	课标与教材把握准确，切合学生实际					4	3	2	1	
		体现认知、技能和情感的有机结合					4	3	2	1	
		培养学生良好的学习习惯					4	3	2	1	
		不同的学生实现了不同的发展					4	3	2	1	
		知识、能力、情感态度、价值观等多维教学目标的实现					4	3	2	1	

续 表

评价项目	分值	评价要点	A	B	C	D	小计
教学内容丰富	12	关注体育基础知识,同时挖掘体育知识的趣味性	4	3	2	1	
		联系现实生活、学生经验,注意实际应用	4	3	2	1	
		注意教材内容的整合	4	3	2	1	
教学过程活泼	30	创设富有童味的教学情景,营造生动活泼的课堂氛围	6	5	4	3	
		注意学生在教师引领下对知识的自主建构性	6	5	4	3	
		关注课堂教学的情感性	6	5	4	3	
		尊重小学生身心发展的阶段性规律	4	3	2	1	
		师生积极有效互动,学生在教师的引导下自主、合作、探究学习	4	3	2	1	
		课堂成为学生活跃思想、交流情感、展示自我的乐园	4	3	2	1	
教学方法灵动	20	注重趣味教学,引导学生调动多种感官进行学习,激发学生学习的兴趣	4	3	2	1	
		面向全体学生,关注个性发展	3	2	1	0	
		能调动学生参与、合作、探究、体验,发挥学生的主动性	4	3	2	1	
		教学语言生动活泼,教学设计呈现富有逻辑性	3	2	1	0	
		娴熟使用现代教育技术和制作教具,呈现多姿多彩的课堂	3	2	1	0	
		掌握学科教学基本技能,教学组织形式灵活多样	3	2	1	0	
教学评价多元	8	教学评价形式丰富多元	4	3	2	1	
		教学评价能有效激励学生积极学习	4	3	2	1	
评价意见					总分		

二、建设"童趣课程",丰富体育课程内容

"童趣课程"是依据学生身心发展特征,在四个学习方面按义务教育水平阶段设置的课程内容标准及水平目标,着力培养学生的自主学习能力和团队意识,使学生提高身体机能,树立"健康第一"的意识,认识身体健康的重要意义,学习科学锻炼身体的方法,逐步养成自觉参加体育锻炼的好习惯。

(一)"童趣课程"的实践操作

以《义务教育体育与健康课程标准(2022版)》为标准,以国家统编教材为原点,按照必修课程、选修课程及校本课程组建的体育学科课程群,是对基础课程的强化和夯实,是一个主题明晰的内容系列,是采用多样的形式与时间的"微课程"。通过这些课程的实施,能够激发学生的兴趣爱好和学习潜能,促进学生对基础课程的学习效能提升。

(二)"童趣课程"的评价要求

体育科组根据方案,拟定《广州科学城实验小学童趣课程评教标准》(见表4-5):

表4-5 广州科学城实验小学童趣课程评教标准

姓名		班级		上课时间	年	月	日
课题				学科			

评价项目	分值	评价要点	评价等级 A B C D	小计
教学文化	10	课堂教学中融入"童趣教育"的思想,教学过程中把握"乐学会学"的教学理念	10 8 6 4	
教学目标	20	课标与教材把握准确,切合学生实际	4 3 2 1	
		培养学生良好的学习习惯	4 3 2 1	
		不同学生得到不同的发展	6 5 4 3	
		知识、能力、情感态度、价值观等多维教学目标的实现	6 5 4 3	

续 表

评价项目	分值	评价要点	评价等级 A B C D	小计
教学过程	30	创设富有趣味的教学情景，营造生动活泼的课堂氛围	6 5 4 3	
		学生自主学习能力	6 5 4 3	
		关注课堂教学的情感性	6 5 4 3	
		尊重小学生身心发展的阶段性规律	4 3 2 1	
		师生积极有效互动，学生在教师的引导下自主、合作、探究学习	4 3 2 1	
		学生展现自我	4 3 2 1	
教学方法	20	课堂生动活泼，调动学生主动性，激发学习兴趣	4 3 2 1	
		面向全体学生，关注个性发展	4 3 2 1	
		发挥学生主观能动性	4 3 2 1	
		教学语言生动激情	4 3 2 1	
		娴熟使用现代教学多媒体设备，呈现多姿多彩的课堂	4 3 2 1	
		教学组织形式灵活多样	4 3 2 1	
教学评价	20	教学评价形式丰富多元	10 8 6 4	
		教学评价能有效激励学生积极学习	10 8 6 4	
评价意见			总分	

三、设立"童趣体育节"，创设趣味氛围，激发学习兴趣

"童趣体育节"丰富了校园的体育文化，提高了学生的体育素养，营造出热爱体育的文化氛围。体育教师根据各水平阶段学生发展的要求，精心策划、合理编排、组织活动。在节日当天，全校师生都融入体育的海洋中，把趣味性、团队性发挥得淋漓尽致。

（一）"童趣体育节"的实践操作

我校设立丰富多彩的"童趣体育节"，为学生提供展现自我的"童心舞台"，激发学

生的学习兴趣,并产生榜样作用和示范效应。"童趣体育节"活动包括"童趣体育节开幕式""校运动会""亲子运动会""班级对抗赛""棋王争霸""腰鼓比赛"等。

(二)"童趣体育节"评价要求

学校根据方案,制定评奖的方法,评选出"校园十佳运动小明星",通过展板展出。其中"童趣体育节开幕式"和"腰鼓大赛"会邀请七位专业评委老师组成评委团,进行打分,去掉一个最高分、一个最低分,而后算出平均成绩。按得分由高到低进行评比。("童趣体育节开幕式"评价表见表4-6;"腰鼓大赛"评价表见表4-7。)

表4-6 广州科学城实验小学"童趣体育节开幕式"评价表

序号	班级	整齐度 (10分)	精神面貌 (40分)	展示效果 (40分)	着装统一 (10分)	总分 (100分)
1						
2						
3						
4						
5						
6						

表4-7 广州科学城实验小学"腰鼓大赛"评价表

班级:　　　地点:田径场　　　比赛时间:　年　月　日

内容	满分	评分
进出场有序、队形整齐	10分	
服装整齐、精神饱满	10分	

续 表

内容	满分	评分
动作整齐	10分	
队形变化多样	20分	
能跟大鼓伴奏合拍，不快不慢	20分	
精神洋溢、面部带有微笑	20分	
场面有气势、口号声响亮	10分	
总分数		

四、打造"童趣班级"，建设多元化体育文化班级

"童趣班级"，是以体育文化为主题，各班、各级打造体育文化班级，如足球文化、篮球文化等。通过体育文化的渗透，学生不仅得到了锻炼，更能了解它的起源、发展，从而更深层次地感受体育的魅力。

（一）"童趣班级"实践操作

每班可自行设置主题，可以是世界重大体育赛事，如奥运会、足球世界杯等；可以是某项体育项目里各国国家队；可以是某个体育项目。其目的在于让学生在学习体育技术动作的同时，了解各国风格迥异的体育文化，激发学生对体育课程学习的兴趣，引导学生热爱体育活动。

（二）"童趣班级"评价要求

"童趣班级"活动要规范化、科学化，构建适合学生年龄特征的评价体系，真正促进学生的发展。由主管领导、课程委员会的老师和学生代表组成评价小组。评价人员分为3人小组，含领导一人。"童趣班级"评价标准见表4-8：

表 4-8　广州科学城实验小学"童趣班级"评价标准

小组人员		评价教师	
主题		班级	
项目	评价标准		评价
主题内容 30分	主题鲜明,符合学生的年龄特征		
	有趣味性,能够提高学生的兴趣		
	有神秘性,能够激发学生的好奇心		
	贴合生活实际,能够提高学生解决问题的实践能力		
主题形式 20分	形式生动活泼,把学生引入体育盛事的活动中		
	班班结合或同级结合		
	家校结合,多方面开发资源		
	参与到社会生活活动中,提升多方面能力		
主题方式 30分	学生参与积极,主体作用发挥好		
	各种能力增长循序渐进		
	教师管理有方,学生活动有序		
主题效果 20分	学生兴趣得到培养,个性特长得到发展		
	拓展了学生的思维空间,培养了学生的创新意识		
综合评价			
精彩之处:		问题及建议:	

五、开展"童趣社团",培养学生兴趣,发展体育特长

"童趣社团"更为细致、系统地将各大体育活动全面铺开面向全校学生。学生利用课余时间,参加喜欢的体育项目的社团活动,从而获得更为全面、系统的体育学习保障。在社团活动中发展学生身体体能,更能帮助学生快速融入集体,培养学生持之以恒、集体荣誉感等精神。

（一）"童趣社团"实践操作

为了让每一位学生都能受益，满足不同学生的需求，在完成规定体育课时之外，学校在课后又开设了各个运动项目的兴趣小组，成立了田径兴趣小组、棒球兴趣小组、篮球兴趣小组、网球兴趣小组、跆拳道兴趣小组、游泳兴趣小组、蹦床兴趣小组、腰鼓兴趣小组等众多兴趣小组，来满足每个学生的运动需求，让学生体验体育带来的乐趣。

（二）"童趣社团"评价要求

根据每个运动项目的不同，评价标准主要由三个方面构成，分别是：出勤率、平时表现、参与度。

出勤率：如在一学期内，旷课三次，则停训一周；三到五次，则停训一个月；如五次以上，则直接请离该项目兴趣小组。

平时表现：由学生互评和教师评价组成。

参与度：根据平时练习技术动作完成质量和整体表现进行评价。

六、开展"童趣大课间"，增强学生体质

"童趣大课间"积极响应上级的号召指示，每周保证三次以上的全校性体能大课间。各年级学生根据不同年龄阶段身体发展规律，精心设计各项体能训练活动，使学生敏捷、力量、柔韧、耐力等身体素质得到全面提高。

（一）开展"童趣大课间"实施操作

以阳光体育为载体，遵照"健康第一"的指导思想，活动内容选择上以趣味性为主，突出学生的学习主体地位，努力构建较为完整的课程目标体系和发展性的评价方式，重视教学内容的基础性、选择性及教学方法的有效性和多样性，注重激发学生的运动兴趣，引导学生掌握体育与健康基础知识、基本技能和方法，增强学生的体能，培养学生坚强的意志品质、合作精神和交往能力等，为学生终身参加体育锻炼奠定基础，促进学生健康、全面发展。

（二）"童趣大课间"评价要求

"童趣大课间"评价要求见表 4-9：

表4-9 "童趣大课间"评价表

项目	评价标准	评价
全员性(5分)	师生人数全	
服装仪表(15分)	精神面貌;运动鞋;仪容仪表	
纪律(10分)	纪律严明,排队时无声音、无乱动	
集合(10分)	集合速度;队列整齐;完成效果	
活动(50分)	全员参与度;活动积极性;教师参与度	
退场(10分)	排队快、静、齐;退场有序	

第五节　体育学科管理

一、体育教学管理

1. 教师上课要仪表端正，着装整齐，言行举止文明得体，为人师表，精神饱满。教师上课必须穿运动服和运动鞋，上课不许浓妆艳抹，不许戴各种首饰，女教师不许披头散发，男教师不许染彩发、留长发、蓄长须、剃光头，不许抽烟，酒后不得进入课堂；不许会见客人，手机必须关掉，不得迟到和早下课，不得擅自离开课堂，更不能缺旷课。

2. 教师要认真钻研教材、教法，备好每一次课，并在备课教案上注明教案的日期、上课的班级和上课的次数，课后要小结，不断总结经验，努力提高教学质量。对学生加强思想教育，做到教书育人。

3. 教学目标准确，针对性强，教材内容搭配科学，场地安排得当，合理分配课程时间，练习密度和运动负荷达到教学目标要求。

4. 教师上课前5分钟到班级门口组织学生排队，预备铃响起统一带到上课场地。在体育教学中，教师要加强课堂安全教育，杜绝事故隐患的发生。教师要清点人数、检查着装、组织好学生热身活动，下课前组织学生做好放松运动，并清点学生人数。

5. 规范教授广播操和眼保健操，开展"童趣大课间"、冬季长跑等活动。成立体育兴趣小组，发现、培养、选拔体育特长生，积极配合学校开展体育活动、相关比赛及兴趣小组训练。

6. 教师对学生体育课成绩评定必须严肃认真，要严格按照评分标准和比例规定，实事求是地进行计算，要做到准确无误。

二、体育兴趣小组管理

目前广州科学城实验小学体育共开设了13个体育兴趣小组，分别是：田径、棒球、网球、跆拳道、蹦床、围棋、游泳、武术、散打、曲棍球、篮球、羽毛球、乒乓球。其中田径兴趣小组由学校老师负责训练，其他兴趣小组则由第三方机构教练负责训练。

1. 学校体育教师分别与各自分管项目教练对接，主要负责学生的选拔、与家长沟通、发放通知及比赛上交资料。

2. 体育兴趣小组成员应严格遵守纪律，在训练场室内不准随意跑动或大声喧哗，应听从体育教师安排，保证体育过程中的安全。

3. 凡是参加兴趣小组训练的同学不得拖欠作业，训练不得无故请假或擅自离开，如有特殊情况则须由家长向项目负责教师请假。小组成员应虚心学习运动技巧，提高自身身体素质和体育道德素养，培养吃苦耐劳的良好品质。

三、体育大型活动管理

广州科学城实验小学开展的体育大型活动有：每学年下半学期举办的体育节及校运会、大课间、冬季长跑、课间操及跑操、学校组织的各种项目比赛。

1. 活动前：

（1）教师加强对学生行为管理规范教育、安全教育，增强学生的遵守纪律及自我安全意识。

（2）体育学科组制定详细的活动方案，细化工作，确保每一个环节可以顺利进行。

2. 活动中：

（1）责任到人，建设领导小组，校长为组长，副校长为副组长，各主任及体育科组长为成员。班主任及搭班教师认真参与学生管理，组织好学生活动纪律，保证学生不要在活动过程中随意跑动，不得玩忽职守，保证活动顺利进行。

（2）发现学生有不遵守活动要求或存在异常行为，立即进行制止，并加强教育。

（3）在大型活动前，教师要针对本次活动所应注意的一些问题做好安全动员工作，把活动中可能出现的安全隐患向学生说明，做到讲通、讲细，真正把安全工作落到实处。

（4）活动中若有学生受伤，应参照广州科学城实验小学安全应急预案处理办法进行处理。若学生发生安全事故，应及时上报校长，教师不可私自解决、处理，同时要立即向教育局及相关部门报告，不得隐瞒不报。

3. 活动后：组长或副组长对活动情况进行总结。

四、体育竞赛管理

1. 每学年组织一次体育节,其中包括运动会、亲子运动会,运动单项赛事如:篮球、足球、游泳、围棋等比赛项目。时间一般安排在秋季第二学期,让每个学生都可以参与进来。

2. 全校性大型体育竞赛活动由体育组负责编排、制定方案,学校领导组负责统筹,全校教师积极配合工作。

3. 学生代表学校参加比赛,须向教导处报备并通知到各位参赛运动员家长,小学总务处负责安排车辆及后勤工作。

(撰稿者:罗国荣　赵传阳　封波)

第五章
唯美音乐：引领孩子走进唯美的音乐世界

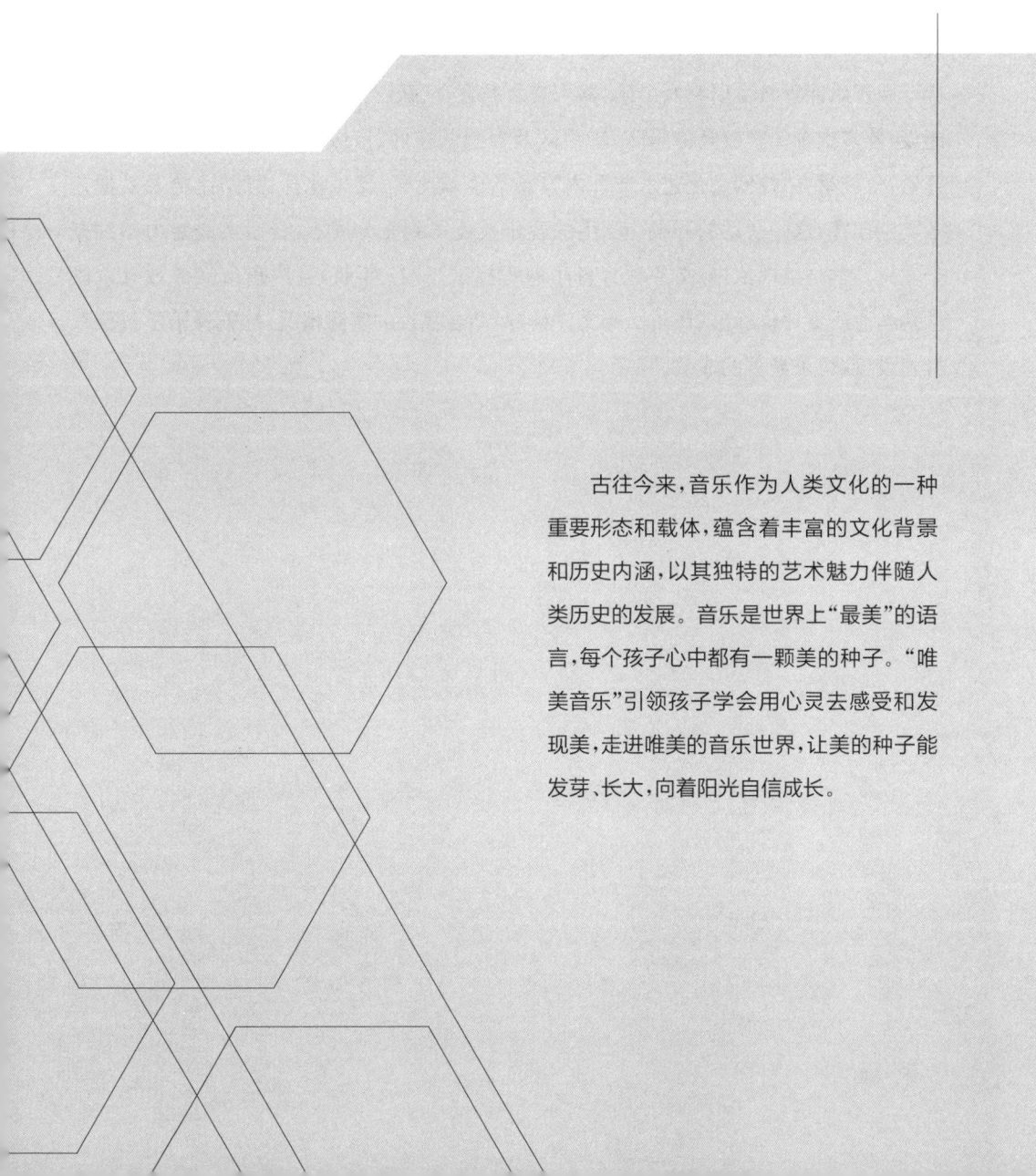

古往今来，音乐作为人类文化的一种重要形态和载体，蕴含着丰富的文化背景和历史内涵，以其独特的艺术魅力伴随人类历史的发展。音乐是世界上"最美"的语言，每个孩子心中都有一颗美的种子。"唯美音乐"引领孩子学会用心灵去感受和发现美，走进唯美的音乐世界，让美的种子能发芽、长大，向着阳光自信成长。

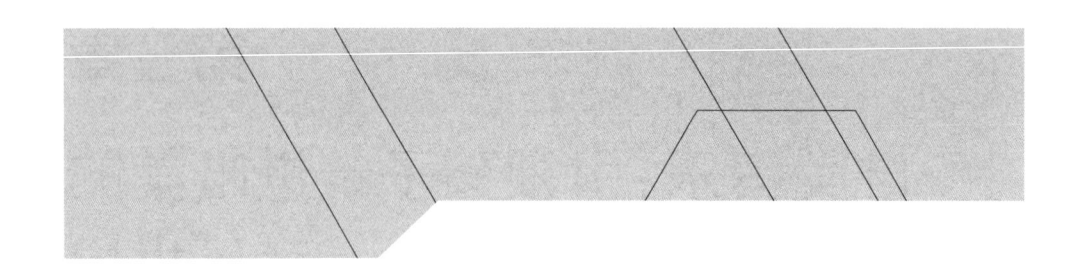

广州科学城实验小学音乐科组现有教师3人,其中广州市艺术学科中心组成员1人,广州市"陈文娟名师工作室"成员1人。音乐科组秉承"唯美音乐"的课程理念,扎实开展音乐课程教学研究及声乐、器乐普及教育,活跃学生的课外生活、助力校园文化建设,曾多次带领学校竖笛乐队、舞蹈队及合唱队在区、市级比赛中获奖。从2018年开始,学校举办"校园文化艺术节",内容涵括声乐比赛、器乐比赛、舞蹈比赛及其他艺术类别比赛,这些活动的开展让学生的音乐技能得到充分展示,音乐实践能力得到充分发挥。学科组现依据《义务教育音乐课程标准(2022年版)》《广州市义务教育阶段学科学业质量评价标准(音乐)》等文件精神,结合我校的实际情况,推进音乐学科课程群建设,取得了显著的成效。

第一节 以"美"育人的音乐

一、学科性质

艺术教育是美育的重要组成部分,其核心在于弘扬真善美,塑造美好心灵[①]。作为艺术学科的重要组成部分,音乐学科是对学生进行审美教育、情操教育、心灵教育,培养想象力和创新思维等的重要课程,具有审美性、情感性、实践性、创造性、人文性等特点,它是人文学科的重要领域、是实施美育的主要途径之一。音乐课程中的艺术作品和音乐活动皆注入了不同文化身份的创作者、表演者、传播者和参与者的思想情感和文化主张,是不同国家、不同民族、不同时代文化发展脉络以及民族性格、民族情感和民族精神的展现,这是音乐学科人文性的体现。"以美育人"的教育思想与我国的教育、文化传统一脉相承,是培养德智体美劳全面发展的社会主义建设者和接班人的教育方针的有机组成部分。通过音乐教育培养和提高学生感受美、表现美、鉴赏美、创造美的能力,陶冶情操,发展个性,启迪智慧,丰富和发展形象思维,激发创新意识和创造能力,全面提升学生的素质,这是音乐学科"审美性""情感性"的体现。音乐课程各领域的教学只有通过聆听、演唱、演奏、综合性艺术表演和音乐编创等多种实践形式才能得以实施。学生在亲身参与这些实践活动过程中,获得对音乐的直接经验和丰富的情感体验,为掌握音乐相关知识和技能、领悟音乐内涵、提高音乐素养打下良好的基础,这是音乐课程"实践性""创造性"的体现。在新课程标准中,我们以习近平新时代中国特色社会主义思想为指导,以落实核心素养为主线,引导学生积极参与各类艺术活动,感受美、欣赏美、表现美、创造美、丰富审美体验,学习和领会中华民族艺术精髓,增强中华民族自信心与自豪感;了解世界文化的多样性,开阔艺术视野。充分发挥艺术课程在培育学生审美和人文素养中的重要作用[②]。

---

① 中华人民共和国教育部. 义务教育艺术课程标准(2022年版)[S]. 北京:北京师范大学出版社, 2022:1.
② 中华人民共和国教育部. 义务教育艺术课程标准(2022年版)[S]. 北京:北京师范大学出版社, 2022:2.

因此，基于音乐"审美性"来开发及实施音乐学科课程，与音乐课程教学的主要目标高度契合。

二、学科课程理念

经过长期的课堂实践，音乐科组提炼出"唯美音乐"为本学科课程基本理念。音乐教学作为审美教育的一种方式，它遵循"情感性——愉悦性——参与性"的审美原则，注重从感性入手，以情动人、以美感人，引导学生充分享受音乐带来的愉悦及审美体验，用音乐的美从精神上育人。

（一）音乐之美可以愉情

音乐的本质是真、善、美，即充满真情、拥有善良、让人感受到意境美。柏拉图说："音乐是语言的尽头。"也就是说音乐能够灵活、准确、细腻地直接表达人的内心情感世界，是人主观情感的一种审美体验。以音乐艺术为媒介，以审美为核心的音乐教育是具有情感性特征的。音乐艺术的魅力，能孕育出高雅的审美情趣，可以使生命焕发出耀眼的光彩。优美动听的旋律，充满生机的节奏，丰满浑厚的和声，绚丽多彩的音色，无不洋溢着生命的激情和活力。

（二）音乐之美可以悦性

音乐有着愉悦人身心的作用，很多人都乐于欣赏音乐。人们精神愉悦了，就会产生积极的情绪，并焕发出神采。音乐教学中运用多彩的音乐活动，让学生在愉悦的学习环境中体验美、感受美，使孩子幼小的心灵更丰富、更和谐、更完美。

（三）音乐之美可以冶心

音乐用音响的魅力给人们以各种感受。音乐的旋律在起伏变幻、抑扬顿挫、迂回曲折中，在动和静、高和低、快和慢、紧和松的对比组合运动中，展现它特有的魅力，并激起人们感情的波澜。所以音乐教学中必须充分发挥音乐本身的美，去滋润孩子们的幼小心田，陶冶孩子们的情操。

（四）音乐之美可以扬善

音乐是情感的表达，灵魂的体现。当孩子对音乐作品产生强烈的共鸣情绪时，就可以潜移默化地提高他的道德情操和思想境界，他的内心就能得到净化。童年时期的美育是孩子美育的启蒙期，在音乐教学中运用丰富多彩的教学内容与方式引导孩子扬善抑恶、分清好坏,潜移默化地引导学生求真、向善、爱美。

　　总之,音乐之美不仅能给人情感上的丰富体验,使人的认知能力逐渐完善,更能陶冶人的情操,提升人的精神格调和人生境界。人类具有音乐认知的禀赋和音乐审美的潜能,"唯美音乐"课程的开展旨在充分挖掘及发展学生的审美潜能,从而引领孩子们走进唯美的音乐世界。

第二节　曼妙的音乐，奏响童年的乐章

依据《义务教育艺术课程标准(2022年版)》，艺术课程围绕核心素养，体现课程性质，反映课程理念，确立课程目标①。

一、学科课程总体目标

基于《义务教育艺术课程标准(2022年版)》对艺术课程总目标的阐述，我们将"唯美音乐"课程总体目标分为审美能力目标、情感能力目标、实践能力目标、创造能力目标、人文能力目标五个维度。

1. 感知、发现、体验和欣赏艺术美、自然美、生活美、社会美，提升审美感知能力。
2. 丰富想象力，运用媒介、技术和独特的艺术语言进行表达与交流，运用形象思维创作情景生动、意蕴健康的艺术作品，提高艺术表现能力。
3. 发展创新思维，积极参与创作、表演、展示、制作等艺术实践活动，学会发现并解决问题，提升创意实践能力。
4. 感受和理解我国深厚的文化底蕴和党的百年奋斗重大成就，传承和弘扬中华优秀传统文化、革命文化、社会主义先进文化，坚定文化自信，铸牢中华民族共同体意识。
5. 了解不同地区、民族和国家的历史与文化传统，理解文化与构建人类命运共同体的关系，学会尊重、理解和包容。

总之，我校秉承"唯美音乐"的教学理念，主要围绕以上五个课程目标，陶冶学生的情操，提高学生的情趣，发展学生的智力，培养学生多方面的能力，从而引导学生树立美妙的理想。

二、学科课程年级目标

根据音乐课程总目标，我们厘定了音乐学科一至六年级的课程目标体系。这里，

---

① 中华人民共和国教育部.义务教育艺术课程标准(2022年版)[S].北京:北京师范大学出版社，2022:5.

我们以三年级为例,阐述课程的年级目标(见表 5-1):

表 5-1 广州科学城实验小学"唯美音乐"课程年级目标

年级		上学期	下学期
三年级	第一课	共同要求 1. 通过学唱《我们爱老师》,初步认知"ab"乐句的结构,感知乐句的异同。 2. 能用自然的声音、活泼的情绪背唱《我们的学校亚克西》,学习新疆舞蹈的基本舞步,自由创编手部动作,并用打击乐器为歌曲伴奏。 校本要求 感知乐曲的曲式结构,相同则分,不同则断,为歌曲伴奏。	共同要求 1. 感受"春"的音乐形象,学唱《春天来了》,能用甜美自然的声音轻松、愉快地演唱,并用打击乐器为歌曲伴奏。 2. 在音乐活动中了解乐曲的"重复"与"对比",并能举例唱出学过的带重复和对比乐句的歌曲。 3. 欣赏小提琴协奏曲《春》的第一乐章,哼唱并熟记音乐主题,感受乐曲所描绘的不同音乐形象,并用动作表现出来。 校本要求 感受春的喜悦和春的美。
	第二课	共同要求 1. 欣赏民乐合奏《快乐的啰嗦》,感受彝族舞曲的风格,熟悉音乐主题。 2. 能击拍、口读四分音符和八分音符。 3. 在稳定拍子的辅助下,能独立击拍演唱乐曲《快乐的啰嗦》的乐谱。 4. 能随教师的琴声初步体验、尝试演唱《快乐的啰嗦》二声部的乐谱。 校本要求 初步体验二声部合唱的和声效果,能准确拍打和口读节奏。	共同要求 1. 学唱《风铃》,能用优美清脆的声音、恰当的力度表现不同的风铃形象。 2. 进行多声节奏的练习,能用学过的节奏创编并合作击打,体验创编及合作的乐趣。 校本要求 尝试小组合作,用固定音型做多声部创编练习。
	第三课	共同要求 1. 听唱《大海啊,故乡》,学唱《牧童之歌》,选择合适的动作感受、体验并表现三拍子和二拍子的强弱规律,培养音乐审美力和表现力。能用圆润、有情感的声音演唱《大海啊,故乡》。	共同要求 1. 欣赏《英雄凯旋歌》,体验歌曲坚定、雄壮的情绪。在聆听的过程中,用手击拍的方式感受全音符的拍律。 2. 认识音符的名称和与之相对应的

续 表

年级	上学期	下学期
	2. 欣赏《猎人合唱》《大海啊,故乡》,辨别四二拍、四三拍,并用动作表现出来。 校本要求 区别各拍子的律动和强弱关系。	时值,并能熟练地口读、手击拍出来。 3. 学会用打击乐器为《英雄凯旋歌》伴奏,在稳定的拍子中熟练掌握四分休止符。 校本要求 感受休止符的意义和其在音乐中的效果。
第四课	共同要求 1. 欣赏《小狗圆舞曲》和《扬鞭催马运粮忙》,感知音乐速度的快慢所表现的不同音乐形象。 2. 欣赏《渔舟唱晚》和《俄罗斯舞曲》,感受乐曲中的速度变化,并用律动表现出来。 3. 对比欣赏《乌龟》和《地狱中的奥菲欧》序曲,学唱《乌龟》的音乐主题,进一步了解速度对塑造音乐形象的重要性。 校本要求 体会歌曲中的音乐形象。	共同要求 1. 在聆听和学唱中,体验民歌的美,培养学生对民歌的兴趣爱好。 2. 欣赏《梦中的额吉》,体验蒙古族民歌宽广、深情的美感。感受歌曲松紧结合的节奏所营造的音乐意境。 3. 掌握节奏多声游戏《端午节》,尝试编创不同的节奏谱并朗读出来。 4. 学唱《瑶山乐》,能用轻快优美的歌声表现歌曲的欢快情绪,并用简单的瑶族舞蹈动作边歌边舞。 校本要求 创编不同的节奏,体会不同民歌的美,培养学生的民族认同感。
第五课	共同要求 1. 在拍读《春天》的儿歌中,感知"xxx"的读法,并能击拍、口读节奏。 2. 能拍打"xxx"和"xxx"结合在一起的节奏。 3. 学唱《嘀哩嘀哩》,进一步掌握"xxx"的唱法,并能选择合适的速度演唱。 4. 学唱《小斑鸠对我说》,选择合适的演唱形式表现歌曲的情绪,准确掌握"xxx"的节奏。	共同要求 1. 在模仿语言节奏中,感受语言中的强弱,了解四拍子音乐的强弱规律。 2. 能用身势律动体验四拍子音乐的强弱规律,并能创编合适的动作表现《渔光曲》的强弱。 3. 了解音乐记号"拍号",并能听辨出二拍子、三拍子、四拍子的音乐。

续 表

年级	上学期	下学期
	5. 背唱两首表现春天的歌曲——《嘀哩嘀哩》和《小斑鸠对我说》。 校本要求 体会速度在歌曲中所代表的情绪,掌握"xxx"这个节奏。	4. 学唱《送别》,能用优美深情的、富有四拍子强弱规律的声音表达歌曲情绪。 5. 复习旋律线的知识,感知乐句行进方向的异同。 校本要求 听辨各拍子的音乐,复习旋律线的方向性。
第六课	共同要求 1. 聆听《杜鹃圆舞曲》,感受圆舞曲的特点。 2. 分辨3个音乐主题,区分音乐段落。 3. 能用人声模仿、律动及哼唱音乐主题,感受和体验圆舞曲的特点。 校本要求 感受圆舞曲风格的特点,体会舞曲风格的音乐形象。	共同要求 1. 在音乐活动中感受二胡和小提琴的不同音色,并学会分辨。 2. 欣赏《空山鸟语》,了解二胡的音色是如何塑造出空山幽谷及群鸟欢鸣的景象的。 3. 欣赏《云雀》,体会小提琴华丽优美的音色所描绘出来的云雀的形象,对比与二胡所塑造的群鸟形象的异同,了解音色对音乐风格的形成所起的作用。 校本要求 了解民乐和西洋乐的不同音色运用在什么样的场景,描绘什么样的画面。
第七课	共同要求 1. 能用歌声表现《翠鸟咕咕唱》的活泼情绪,并在教师的指挥下,学会二声部的轮唱。 2. 能边做踢毽子的动作边歌唱《踢毽子》。 3. 了解弱起小节,能用合适的速度演唱《当我们同在一起》,并将歌曲分句,按照不同的乐句编创动作。 校本要求 课后通过网络自行了解另外一首轮唱歌曲(自己确定了解哪一首)。	共同要求 1. 复习力度记号,明确其意义,并能表现出来。 2. 了解作曲家冼星海,聆听《游击军》,感知力度的变化,了解力度的强弱对比运用在描绘音乐形象中所起的作用。 3. 欣赏无伴奏合唱《回声》,能够感知力度的变化并根据自己的体验说出力度这一音乐要素在其中所发挥的作用。

续 表

年级	上学期	下学期
第八课	共同要求 1. 了解旋律的上行、下行和同音反复的概念，并能在旋律片段中听辨出来。 2. 欣赏《G大调小步舞曲》，能从乐曲中听辨出旋律上行、下行出现的地方。 3. 了解级进、跳进的概念，学唱《我们大家跳起来》，在歌唱和律动中感受歌曲中的级进和跳进、上行和下行。 校本要求 了解旋律的走向，并感知音乐旋律的方向。	校本要求 了解作曲家，通过力度的对比感受音乐的特点，并讨论其在音乐中的作用。 共同要求 1. 欣赏《卡农歌》和《救国军歌》，了解卡农这一艺术形式，学习用卡农的形式做节奏练习。 2. 能用合适的速度、稳定的节拍和欢快的情绪演唱《欢乐歌》。 3. 欣赏《保卫黄河》，体验卡农的运用在表现作品磅礴的气势以及所蕴含的爱国情感上所起的作用。 4. 复习音名"C、D、E、F、G"，学习新的音名"A"和"B"，尝试听辨这些音。结合"玩乐器（三）"，能在G调上模拟弹奏《我有一只小羊羔》。 校本要求 进一步巩固卡农这一形式的知识，进一步从正面理解这一音乐表现形式。
第九课	共同要求 1. 欣赏《我的小鸡》和《八只小鹅》，感知音乐所塑造的小动物形象。 2. 欣赏《公鸡和母鸡》及《吹口哨的人与狗》，能用动作表现音乐所表达的形象。 3. 学唱《数蛤蟆》，编创歌词，并根据音乐形象用打击乐为歌曲编配伴奏。 4. 掌握音名"C、D、E"在键盘上的不同位置，并能用3个手指模仿弹奏《我有一只小羊羔》。 校本要求 为歌曲伴奏并自行创编节奏。	共同要求 1. 能根据人物形象朗读《木桶有个洞》的台词。 2. 学唱歌曲《木桶有个洞》，即兴创编歌词进行歌唱。 3. 分角色表演音乐幽默小品《木桶有个洞》，愿意参与表演，培养创新意识和创新能力。 校本要求 即兴创编，培养学生的创新精神。

续 表

年级	上学期	下学期
第十课	共同要求 1. 学唱台湾歌曲《捕鱼歌》，了解旋律进行中的"大跳"，能借助手号或搭桥的方法唱准"li"。 2. 能有感情地演唱《太阳出来喜洋洋》和《桔梗谣》，从音乐要素的角度出发，分析两首民歌的不同风格。 3. 学习波音记号，并能将其在《太阳出来喜洋洋》中演唱出来。 4. 通过学唱民歌，感受衬词在民歌中的作用。 校本要求 了解衬词，并学会一两句地方衬词，借助手号唱准大跳。	共同要求 1. 通过对歌曲《美丽的朝霞》和《丰收之歌》划旋律线，感受歌曲的级进和跳进。 2. 体会《丰收之歌》欢乐、热烈的情绪，唱好一音多字的歌词。理解、体会丰收的喜悦，懂得珍惜劳动成果，愿意与他人分享劳动的快乐。 校本要求 体会劳动人民丰收的喜悦及歌曲的级进、跳进所带来的感觉。
第十一课	共同要求 1. 观赏《四小天鹅舞曲》和《那不勒斯舞曲》的舞蹈视频，感受音乐在舞蹈形象刻画中所起的作用；能在乐曲中听辨出小提琴、双簧管和大管出现的顺序；听辨《那不勒斯舞曲》中的乐器，并能自创动作随音乐律动。 2. 聆听大提琴独奏曲《天鹅》，在观赏芭蕾舞《天鹅之死》的过程中，感受《天鹅》的音乐形象。在听辨主奏乐器和伴奏乐器的过程中，感知主调音乐的特色。 3. 观赏舞剧《红色娘子军》中《女战士和炊事班长的舞蹈》，能自由编创动作，获得音乐审美体验。 4. 欣赏《金孔雀轻轻跳》，能模仿孔雀舞的动作随音乐边唱边舞。 校本要求 从音乐欣赏中感受音乐形象。	共同要求 1. 在音乐活动中熟悉和了解亚洲民间歌曲和音乐，增进对亚洲音乐的认识和喜爱，愿意进一步了解和学习它们。 2. 欣赏斯里兰卡民间歌舞《罐舞》，在模仿"罐舞"的动作中感受其音乐与舞蹈结合的美感。 3. 能用自然圆润的声音演唱朝鲜民歌《阿里郎》，了解朝鲜音乐的特点。 4. 用热情、欢快的声音演唱《木瓜恰恰恰》，感受歌曲的欢快情绪和喜悦心情，了解印尼相关文化以及"叫卖调"。 5. 通过欣赏和听唱《厄尔嘎兹》，了解土耳其的音乐风格，感受和模仿表现作品轻快活泼的特点。 校本要求 了解朝鲜民歌的特点，感受不同国家的音乐文化。

续 表

年级	上学期	下学期
第十二课	共同要求 1. 欣赏《好朋友来了》,分段记忆歌词。 2. 分角色按情节自由表演,培养学生的综合表演能力。 校本要求 通过分角色表演,培养学生个人的表演能力。	共同要求 1. 在参与实践活动中,激发学生了解和学习京剧的兴趣。 2. 初步了解京剧的四大行当,重点认识丑角。 3. 在听、看、读、演、议的活动中感受京剧念白的特点。 校本要求 自主听唱京剧《卖水》。

第三节　用跃动的音符守护孩子心灵的净土

基于"唯美音乐"的课程理念,我校音乐课程可分为基础性课程和拓展性课程两部分。在实施国家基础课程的同时,我校根据不同学段的学生需求,开发了适应学生身心发展的个性化拓展性课程。

一、学科课程结构

《义务教育艺术课程标准(2022年版)》指出:音乐学科课程内容分为欣赏、表现、创造、联系4类艺术实践[①],并分成四个学段设置不同的学习任务,一至四学段只在任务要求的程度上有所发展。基于对课程目标的认识,我校"唯美音乐"课程分为"唯美欣赏、唯美表现、唯美创造、唯美联系"四大板块。具体如图5-1:

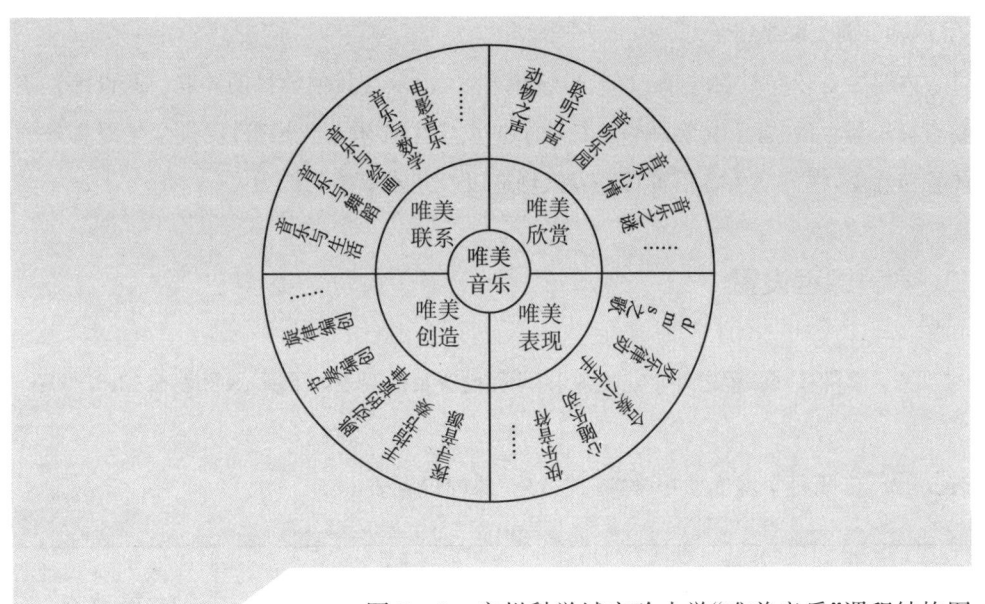

图5-1　广州科学城实验小学"唯美音乐"课程结构图

---

① 中华人民共和国教育部.义务教育艺术课程标准(2022年版)[S].北京:北京师范大学出版社,2022:15.

上图中，各板块课程具体描述如下：

(一) 唯美欣赏

内容为音乐表现要素、音乐情绪与情感、音乐的体裁与形式、音乐的风格与流派四大类。开设的课程有动物之声、音阶乐园等。注重引导学生积极参与音乐体验，引发想象和联想，鼓励学生勇于表述自己的审美体验，积累音乐素材，为终身学习和享受音乐奠定基础。

(二) 唯美表现

内容为歌唱、演奏、综合艺术表演、识读乐谱。开设的课程有 d/m/s 之歌、欢乐律动等。旨在促进学生音乐能力的发展，使学生能用音乐的形式表达个人的情感，并与他人沟通、融洽感情，在音乐实践活动中受到情感的陶冶。

(三) 唯美创造

内容为探索音响与音乐、即兴创造、歌曲创作等。我校"唯美创造"的课程包括探寻音源、手指节奏等，有利于学生积累音乐创作经验和发掘创造思维能力，对于培养具有实践能力的创新人才具有十分重要的意义。

(四) 唯美联系

内容为音乐与社会生活、音乐与姊妹艺术、音乐与其他学科的关联。开设课程主要有音乐与生活、音乐与绘画等。有助于扩大学生音乐文化视野，促进学生对音乐的体验与感受，提高学生音乐鉴赏、表现、创造以及艺术审美的能力。

二、学科课程设置

除了学科基础课程之外，"唯美音乐"课程设置及框架表如下所示（见表5-2、5-3）：

表5-2 广州科学城实验小学"唯美音乐"课程设置表

领域 年级	唯美欣赏	唯美表现	唯美创造	唯美联系
一年级上	动物之声	d/m/s之歌	探寻音源	音乐与生活（一）
一年级下	聆听五声	欢乐律动	手指节奏	音乐与生活（二）

续 表

领域 年级	唯美欣赏	唯美表现	唯美创造	唯美联系
二年级上	音阶乐园	合奏小乐手	跳动的旋律（一）	音乐与舞蹈
二年级下	音色之谜（一）	心随乐动	跳动的旋律（二）	音乐与绘画
三年级上	音乐心情（情绪）	快乐音符	节奏编创（一）	音符与数学（一）
三年级下	音色之谜（二）	认识键盘	节奏编创（二）	音符与数学（二）
四年级上	中国民歌（一）	我会吹竖笛（一）	旋律编创（一）	电影音乐
四年级下	中国民歌（二）	我会吹竖笛（二）	旋律编创（二）	鼓雄身健
五年级上	世界民歌（一）	小百灵合唱（一）	小小指挥家（一）	名家简介（一）
五年级下	世界民歌（二）	小百灵合唱（二）	小小指挥家（二）	名家简介（二）
六年级上	名曲赏析（一）	魅力音乐剧	歌曲配画（一）	音乐与健康
六年级下	名曲赏析（二）	小小评论家	歌曲配画（二）	鼓动生活

三、学科课程内容

"唯美音乐"课程的内容如下表（见表5-3）：

表5-3 广州科学城实验小学"唯美音乐"课程内容表

年级	课程内容名称	课程名称	课程内容
一年级	上学期	动物之声	通过欣赏动物主题系列管弦乐曲，培养学生听辨乐器音色的能力。
		d/m/s之歌	感知由d/m/s三个基础音的音高组成的乐曲，初步构建基础音高体系。
		探寻音源	通过探寻生活中不同物体的音色，找出可以应用在乐曲中的音源。

151

续 表

年级 \ 课程名称 \ 课程内容	课程名称	课程内容
下学期	音乐与生活（一）	通过了解音乐与人类生活的关系，拓宽学生的音乐文化视野。
	聆听五声	通过聆听五声音阶歌曲，进一步巩固学生的基础音高。
	欢乐律动	在聆听歌曲的同时，引导学生用拍手或其他身体律动形式建立稳定拍概念。
	手指节奏	用不同手指组合来表示不同的节奏型，通过"你做我拍"的游戏方式来巩固所学节奏。
	音乐与生活（二）	进一步了解音乐与人类生活的关系，拓宽学生的音乐文化视野。
二年级 上学期	音阶乐园	熟唱歌曲《音阶歌》，引导学生初步建立七声音阶体系。
	合奏小乐手	认识课堂中的常用小乐器，能选择合适的小乐器、用合适的音型为歌曲进行简单伴奏。
	跳动的旋律（一）	在初步建立音高概念的基础上，引导学生为歌（乐）曲划高低起伏的旋律线条。
	音乐与舞蹈	通过欣赏或表演舞蹈的方式，引导学生了解音乐与舞蹈之间相互依存、互相影响的关系。
二年级 下学期	音色之谜（一）	通过歌曲的听赏，引导学生了解人声的分类，分辨不同的人声音色。
	心随乐动	通过大量的教师范唱以及歌唱作品欣赏，引导学生有表情地歌唱。
	跳动的旋律（二）	在初步建立音高概念的基础上，引导学生为歌（乐）曲划高低起伏的旋律线条，并能用笔画下来。
	音乐与绘画	从简单的旋律线条出发，引导学生体会音乐与绘画艺术之间的联系，并尝试用绘画的方式来表现音乐。

续 表

年级	课程名称	课程名称	课程内容
三年级	上学期	音乐心情(情绪)	通过听赏不同风格的歌(乐)曲,引导学生感受不同的速度、力度的歌(乐)曲所表达的不同音乐情绪。
		快乐音符	通过学习,认识常用的五种音符以及由音符组成的节奏,从而加强识谱能力。
		节奏编创(一)	通过游戏的形式,在稳定拍点的基础上,引导学生进行两拍或两小节节奏接龙。
		音符与数学(一)	通过音符的认知,引导学生发现音符时值之间的关系及数学规律。
	下学期	音色之谜(二)	通过乐曲听赏,引导学生认识大量的民族乐器及西洋管弦乐器,并能分辨其音色。
		认识键盘	通过对黑白键盘的观察来引导学生认知音名,为今后学习调式打下基础。
		节奏编创(二)	通过游戏的形式,在节奏编创(一)的基础上,引导学生进行两小节或四小节节奏编创。
		音符与数学(二)	通过对音符之间时值规律的了解,引导学生了解四二拍、四四拍等节拍意义。
四年级	上学期	中国民歌(一)	通过听赏江苏、湖南等地民歌,了解南方民歌的一般特点。
		我会吹竖笛(一)	了解竖笛基本构造及发声原理,练习吹奏基本音及简单练习曲。
		旋律编创(一)	运用游戏的形式,进行音高演唱接龙及两小节旋律填充记写。
		电影音乐	通过听赏大量的电影音乐片段,引导学生感受音乐在电影中的重要作用。
	下学期	中国民歌(二)	通过听赏新疆、内蒙古、陕西等地民歌,感受这些地域民歌的特点。
		我会吹竖笛(二)	通过练习,引导学生自主进行二声部高音竖笛乐曲合奏。
		旋律编创(二)	在旋律编创(一)的基础上,引导学生进行两小节及以上的旋律编创。
		鼓雄身健	通过安塞腰鼓的动作组合练习,学生达到强身健体的目的。

续 表

年级	课程名称	课程名称	课程内容
五年级	上学期	世界民歌(一)	通过听唱外国民歌,引导学生感受不同地域的人文及音乐特点。
		小百灵合唱(一)	通过学习,引导学生了解合唱艺术的特点,并进行歌唱的呼吸及声音练习。
		小小指挥家(一)	通过学习二拍子、三拍子的指挥图示,综合各项基础能力,为校园班级合唱比赛培养合格的小指挥。
		名家简介(一)	通过听赏音乐家代表作,引导学生了解音乐家生活年代、背景、人物性格等与其音乐作品特征的联系。
	下学期	世界民歌(二)	在世界民歌(一)的基础上,进一步通过听唱外国民歌,引导学生感受不同地域的人文及音乐特点。
		小百灵合唱(二)	进一步引导学生了解合唱的技术要点、方式方法,提高其呼吸及声音控制能力。
		小小指挥家(二)	在小小指挥家(一)的基础上,通过学习四拍子的指挥图示,综合各项基础能力,进一步为校园班级合唱比赛培养合格的小指挥。
		名家简介(二)	在名家简介(一)的基础上,通过听赏音乐家代表作,引导学生进一步了解音乐家生活年代、背景、人物性格等与其音乐作品特征的联系。
六年级	上学期	名曲赏析(一)	通过欣赏中外著名器乐作品,初步了解中西方音乐史,培养学生音乐欣赏的兴趣,养成欣赏古典音乐的习惯。
		魅力音乐剧	结合歌唱、表演、舞蹈、对白等多种艺术形式,引导学生进行音乐剧的创作及表演,培养学生的综合艺术能力。
		歌曲配画(一)	在节奏、旋律创编的基础上,引导学生进行给定主题的八小节歌曲旋律创编。
		音乐与健康	通过对音乐情绪的感知,了解音乐在人的身心健康方面所起的积极作用。
	下学期	名曲赏析(二)	通过欣赏中外著名器乐作品,懂得一般音乐体裁及曲式结构,熟悉重要的音乐表现手段,发展学生的音乐感受能力。

续　表

名称＼课程内容＼年级	课程名称	课程内容
	小小评论家	积极引导学生在演唱、演奏等各方面进行自评和他评，帮助学生认识自我，获得音乐学习的成就感，提升学生的综合音乐素质。
	歌曲配画(二)	在了解音乐与绘画的联系后，引导学生为自己创作的歌曲配上合适主题的绘画作品。
	鼓动生活	通过安塞腰鼓的练习，领悟安塞腰鼓精神，培养学生蓬勃向上、自强不息的品质。

第四节　拥抱美好的音乐生活

《义务教育艺术课程标准(2022年版)》指出:教师要重视学生在学习过程中的艺术感知及情感体验,激发学生参与艺术活动的兴趣和热情,使学生在欣赏、表现、创造、联系、融合的过程中,形成丰富、健康的审美情趣;强调艺术课程的实践导向,使学生在以艺术体验为核心的多样化实践中,提高艺术素养和创造能力[①]。聆听、歌唱、模仿、创作是音乐学习的重要方式,所以在课程实施中要给学生留有自我吸收的过程,让他们通过练习、实践、模仿,去更好地吸收知识。音乐教育旨在培养学生学习音乐的兴趣与积极性,激发学生养成健康的审美情趣。因此在课程实施的过程中要注重发展学生对音乐的兴趣和爱好,以促进学生感知情感、想象等感性方面的健康成长。根据"唯美音乐"的课程理念、学科性质、课程目标等方面的要求,我校将从"唯美课堂""唯美音乐节""唯美社团""唯美课程""唯美大舞台"五个方面进行课程实施。

一、构建"唯美课堂",传递音乐之美

"唯美课堂"是多元、丰富、优美的课堂,是具有个性及创造性的课堂,是实施美育的重要途径之一。只有真正具有美感的音乐课才能使学生获得美感。《义务教育艺术课程标准(2022年版)》突出以音乐审美为核心,坚持以美育人,充分发挥艺术课程在培育学生审美和人文素养中的重要作用[②],在教学过程中遵循教学规律和美的规律,创造性的运用各种教学方法出色完成教学任务,充分发挥艺术课程在培育学生审美和人文素养中的重要作用,从而构建起美的课堂。

(一)"唯美课堂"的操作

1. 创设情境,感受音乐之美。情境是音乐教学的前提,教师按照音乐教学审美规律精心创设教学情境,是音乐教学得以成功和优化的保证。

2. 综合训练,表现音乐之美。音乐课堂上教师对学生的训练旨在培养学生的音

---

① 中华人民共和国教育部.义务教育艺术课程标准(2022年版)[S].北京:北京师范大学出版社,2022:2.
② 中华人民共和国教育部.义务教育艺术课程标准(2022年版)[S].北京:北京师范大学出版社,2022:2.

高感和节奏感,引导学生在感受到美的基础上,运用恰当的力度和速度、饱满真切的感情表现出艺术作品深层次的美。

3. 以情传之,鉴赏音乐之美。音乐教师是美的耕耘者、播种者,也是收获者,教师在课堂上的仪表、姿势,以及形体、眼神,乃至表情都要展现出恰到好处的"美感",从而将这种"美"传递给学生,引导学生加深对艺术作品的理解与记忆,鉴赏音乐之美。

4. 提升审美,创造音乐之美。音乐创造力是在审美感受、体验的基础上逐渐发展起来的,通过各种音乐表演,学生运用自己的审美感受创造性地表现出音乐作品的内容,这是一种创造。另外,学生在课堂的即兴演唱、即兴创作及简单的乐句、歌曲写作是一种真正意义上的创作,教师应该多引导和鼓励学生进行艺术创作,大胆创造音乐之美。

(二)"唯美课堂"评价要求

多元化的评价途径更符合学生的成长特点,利用学生的主动发展,可以从不同方面培养学生的知识、技能、情感态度、价值观等,让学生发现自己的进步与成长。学生的不断成长激励教师的不断提升,教师要丰富自己的课堂,提炼自己的经验,力求精益求精,实现师生相长。具体评价方法见表5-4。

表5-4 广州科学城实验小学"唯美音乐课堂"课程教学评价表

姓名		性别		年龄		上课时间		年	月	日
课题						年级		学科		
评价项目	分值	评价要点					A	B	C	D	小计
教学思想	10	课堂教学中融入"童味教育"的教育哲学,教学过程中把握"乐学会学"的教学理念					10	8	6	4	
教学目标	12	课标与教材知识把握准确,切合学生实际					4	3	2	1	
		体现认知、技能和情感的有机结合					4	3	2	1	
		培养学生良好的学习习惯					4	3	2	1	
教学内容	12	关注学科知识的基础性,同时挖掘学科知识的趣味性					4	3	2	1	
		联系现实生活、学生经验,注意实际应用					4	3	2	1	
		注意教材内容的整合与综合,丰富教学内容					4	3	2	1	

续 表

评价项目	分值	评价要点	A	B	C	D	小计
教学过程	30	创设富有童趣的教学情景,营造生动活泼的课堂氛围	6	5	4	3	
		注意学生在教师引领下对知识的自主建构性	6	5	4	3	
		关注课堂教学的情感性	6	5	4	3	
		关注小学生身心发展的阶段性特征	6	5	4	3	
		师生积极有效互动,学生在教师的引导下自主、合作、探究学习	6	5	4	3	
教学方法	12	注重趣味教学,引导学生调动多种感官进行学习,激发学生学习的兴趣	4	3	2	1	
		面向全体学生,关注个性发展	4	3	2	1	
		能调动学生参与、合作、探究、体验,发挥学生的主动性	4	3	2	1	
教学能力	12	使用生动活泼的教学语言,呈现富有逻辑性的板书设计	4	3	2	1	
		娴熟使用现代教育技术和制作教具,呈现多姿多彩的课堂	4	3	2	1	
		掌握学科教学基本技能,教学组织形式多样化	4	3	2	1	
教学效果	12	知识、能力、情感态度、价值观等多维教学目标的实现	4	3	2	1	
		课堂成为学生活跃思想、交流情感、展示自我的乐园	4	3	2	1	
		不同的学生实现了不同的发展	4	3	2	1	
评价意见			总分				

二、创设"唯美音乐节",挥洒音乐之美

"唯美音乐节"是校园音乐文化展示的重要平台之一,对促进学生的全面发展有着

不可替代的作用,每一个参与的学生都能通过舞台艺术展示,找到自我、增强自信、挥洒音乐之美。这与音乐课程标准中"强调音乐实践,鼓励音乐创造"的基本理念吻合。

(一)"唯美音乐节"的要义与操作

"唯美音乐节"是多样的音乐实践活动的综合,是学校为了让学生展示自我、发展自我而搭建的音乐平台,根据孩子们自身发展的特征,让学生在搭建的不同舞台上展现自我、增加自信。

1. 开展个人才艺赛,展示学生自身才艺水平。个人才艺赛对于学生来说是非常好的锻炼机会,不仅能展示自身才艺水平,提升各方面的素质;还能在与他人同台竞技的过程中,发现自身不足,汲取他人之长。学校也能通过才艺赛发掘优秀的文艺苗子,为今后艺术活动的建设和发展打下好的基础。

2. 开展年级文艺汇演,展示学生整体艺术风貌。各个班级自主挑选、排练节目,参与年级文艺汇演,由评委评选出舞台表现优秀的若干节目,参与闭幕式文艺汇演。"唯美音乐节"的举办,给了所有学生挥洒音乐艺术之美的舞台,使校园艺术氛围日益浓厚。

(二)"唯美音乐节"的评价

"唯美音乐节"的发展也需要量化的评价标准,这样才能保证比赛作品规范化、高质量化,从而促进学生的不断发展。在评比中,学科组邀请七位专业评委老师组成评委团,进行打分,去掉一个最高分、一个最低分,而后算出平均成绩。由高到低进行评比。具体评价方法见表5-5、5-6。

表5-5 广州科学城实验小学"唯美音乐节"个人才艺赛评分表

序号	节目名称	作品难度(10分)	技能技巧(40分)	舞台表现力(40分)	舞台着装(10分)	总分(100分)
1						
2						
3						
4						
5						
6						

表 5-6　广州科学城实验小学"唯美音乐节"年级文艺汇演评分表

班级：　　　节目名称：　　　节目序号：　　　评委：

评比标准	满分	得分
上、下舞台整齐有序，服装整齐，精神面貌佳	10 分	
节目主题鲜明，表演形式恰当，有创意，能体现出小学生天真活泼的特点	30 分	
演唱、舞蹈、朗诵、武术等表演技巧到位，表情自然	40 分	
舞台综合表现	20 分	
总分		

三、建设"唯美社团"，延伸音乐之美

"唯美社团"是音乐课堂教学的延伸，与课堂教学相比更加具有灵活性和可塑性，这与音乐课程中"面向全体学生，注重个性发展"的基本理念吻合。音乐社团构建了学生学习音乐专业知识的平台，学生可以通过自己的兴趣、爱好，选取自己喜欢的课程进行学习。

在依据教师自身优势，充分发掘教师特长的基础上，学校组建了"唯美合唱团""唯美竖笛乐团"，有兴趣的学生均可报名，通过考核即可参与训练。参与后，学生可以为社团搭建输出舞台，经常参加各类音乐类比赛，参与社区、街道等演出，通过不断的比赛、演出，丰富自身的艺术经历。

（一）"唯美社团"之"唯美合唱团"

1. "唯美合唱团"的要义与操作

自然生动的歌唱，是音乐形式中最基础的呈现形式，它无需任何乐器，声音本身就是一件非常美妙的乐器，要让这种美妙的乐器变得更加美好，需要历经不断学习、练习的艰难过程。合唱团吸收了学校所有喜欢唱歌的孩子，通过专业培训，提高学生的歌唱水平，从而培养学生的自信心，提升其艺术修养。

"唯美合唱团"的理念是走近合唱，享受和谐。本课程重在培养学生的歌唱能力，通过训练发声及演唱优秀的童声合唱作品，达到集体声音的和谐统一。通过集体演

唱,使孩子们自然建立和谐融洽的合作友谊,从而感受到音乐的和谐之美。

本课程的内容主要包括合唱的礼仪和发声训练,分为基本功练习、声部训练、合唱的"统一"训练等3个模块。

模块一:基本功练习。合唱追求的是整体一致、和谐、共鸣、润美动人的歌声,这就要求合唱成员有统一规范的发声方法,每个合唱成员都应该练好合唱基本功,如仪态、姿态、发声、音色、气息、呼吸、音准、咬字等。

模块二:声部训练。合唱训练应遵循循序渐进的原则,在声部训练中,先从较为简单的轮唱训练开始,再进入二声部、三声部训练。注意要让学生克服畏难情绪,增强对合唱训练的兴趣。

模块三:合唱的"统一"训练。合唱是追求声音高度统一、和谐的艺术形式,训练过程中追求音准、呼吸、咬字的同时,要力求使音色、力度、速度、情绪表现达到统一,从而使合唱的各个声部均衡、统一。

2. "唯美合唱团"的评价

"唯美合唱团"重视评价的激励性作用,教师可以通过评价随时调整训练方法,让学生通过合唱课程,感受到和谐的声音之美。具体的评价方法如表5-7:

表5-7　广州科学城实验小学"唯美合唱团"评价表

姓名:　　　　曲目名称:

内容	等级(A/B/C)	评语
音准、节奏		
歌唱气息		
演唱技巧		
音乐情绪		
综合表现		

(二)"唯美社团"之"唯美竖笛乐团"

1. "唯美竖笛乐团"的要义与操作

竖笛也称为直笛,是欧洲一种历史悠久的木管乐器,它起源于15世纪的意大利,

16至18世纪盛行于欧洲各国。竖笛的音色优美圆润,是欧洲重要的管乐器。20世纪90年代,竖笛流入我国并慢慢盛行开来。它的高音笛可以作为课堂乐器,也可用套笛成立竖笛乐队,套笛中包含超高音笛、高音笛、中音笛、次中音笛、低音笛、超低音笛。它完成了乐队从高音、中音、低音的整个构建,也为喜欢乐器的学生抛去了橄榄枝。竖笛团通过网上报名、教师组织考核乐理和识谱的技能,从中选取40名学生,成为竖笛乐团的学生。

"唯美竖笛乐团"是以竖笛套笛为主器的乐团,其中包括超高音笛、高音笛、中音笛、次中音笛、低音笛和超低音笛,意在培养学生坚强的意志、顽强进取的品质和对器乐演奏的热爱。

2."唯美竖笛乐团"的评价

竖笛乐团的学生一般产生于学校音乐课中学习高音竖笛的班级,教师从中选拔具有音乐基础、吹奏方面过关的学生,每到学期末,由音乐科组三位音乐老师组成评价团,对所有竖笛乐团成员一个学期学习竖笛的成果进行评价,并提出建议,指导努力方向。具体评价方法如表5-8。

表5-8 广州科学城实验小学"唯美竖笛乐团"评价表

姓名: 节目名称:

内容	等级(A/B/C)	评语
手势准确到位		
指法准确		
音准		
旋律优美		
节奏准确		
气息平稳		
换气准确		
站姿正确		

四、建设"唯美课程",丰富音乐课程体系

"唯美课程"是建立在学校校本课程基础上,根据本校教学理念,延伸开发出的新的艺术课程。我校坚持以"童味教育"为核心的教学理念,由此我们开发出以安塞腰鼓为中心的"鼓舞文化"。

(一)"唯美腰鼓"课程的要义与操作

安塞腰鼓被称为天下第一鼓,以其磅礴的气势和精湛的表演令人陶醉。作为我国的一项传统民间艺术,安塞腰鼓吸引着越来越多的人加入到它的学习和使用中,这也在一定程度上推动了安塞腰鼓的发展和传承。

2011年开始,我校就将"安塞腰鼓"课程引入校园,"人人击鼓,齐齐共舞",给学校的素质教育提供了机遇,为学校教学改革注入了新鲜元素,同时也为学校教育多元化的发展提供了帮助。

"唯美腰鼓"课程分年级每周进行常规训练,让学生舞出精气神、锻炼身体、继承传统中华文化,成为学校开展特色课程的宗旨。

安塞腰鼓的学习,不仅培养了学生的艺术修养,也大大提升了学生对民间音乐的兴趣,使学生成为民间音乐的继承者和传播人。我校每学年开展全校腰鼓比赛,训练教师及班主任共同参与完成排练活动,在腰鼓训练中集思广益,音乐声、鼓声、掌声一个也不落下,成就了广州科学城实验小学特有的文化气质。

(二)"唯美腰鼓"的评价

音乐科组联和学校教导处、家长委员会等部门,寻找具有一定艺术修养的学生家长和学校音乐老师组成评委团进行评分,每年评出诸多特色班级。具体评价方法如表5-9。

表5-9 广州科学城实验小学"唯美腰鼓"大赛评分表

班级: 节目名称: 节目序号: 评委:

内容	满分	评分
进出场有序、队形整齐	10分	
服装整齐、精神饱满	10分	

续表

内容	满分	评分
动作整齐	10分	
队形变化多样	20分	
能跟大鼓伴奏合拍,不快不慢	20分	
精神洋溢、面部带有微笑	20分	
场面有气势,口号声响亮	10分	
总分数		

五、搭建"唯美大舞台",承接学生对一切艺术的美好向往

曼妙的舞姿,动听的歌声,潇洒的挥毫……都能够展现在这个神圣的舞台上,让孩子们变得更加自信、更加上进,它是一个具有魔力的舞台。每当6月1日到来时,这个魔力的舞台,就仿佛被施了魔法,让孩子们展现自己多才多艺的一面,让所有人为他们自豪。

(一)"唯美大舞台"的要义与操作

"唯美大舞台"是让学生张扬个性、培养兴趣爱好的大舞台,在舞台上可以促使学生得到更好的个性发展,让学生通过表演寻找自己的闪光点,增加自信心。

"唯美大舞台"给学生自由表演的空间,以年级为单位进行,节目形式不限,表演人数不限,每周由不同的年级轮流组织节目在舞台上进行展演。

(二)"唯美大舞台"的评价

音乐科组教师组成评委小组,对每个节目的表演进行评价,选出优秀节目,给予鼓励。具体评价方法如表5-10。

表5-10 广州科学城实验小学"唯美大舞台"评价表

姓名： 节目名称： 节目序号： 评委：

序号	节目名称	作品难度（10分）	技能技巧（40分）	舞台表现力（40分）	舞台着装（10分）	总分（100分）
1						
2						
3						
4						
5						

总之,"唯美音乐"课程的实施,不仅能丰富孩子的情感体验,提高他们的音乐审美能力,培养自主创新能力;也能给孩子展现个人风采的平台和接触新事物的机会,从而使他们能真正走进音乐,在音乐的海洋中尽情遨游,品味不同的音乐之美。

(撰稿者:钟永红)

第六章
童真美术：走进纯真无瑕的艺术殿堂

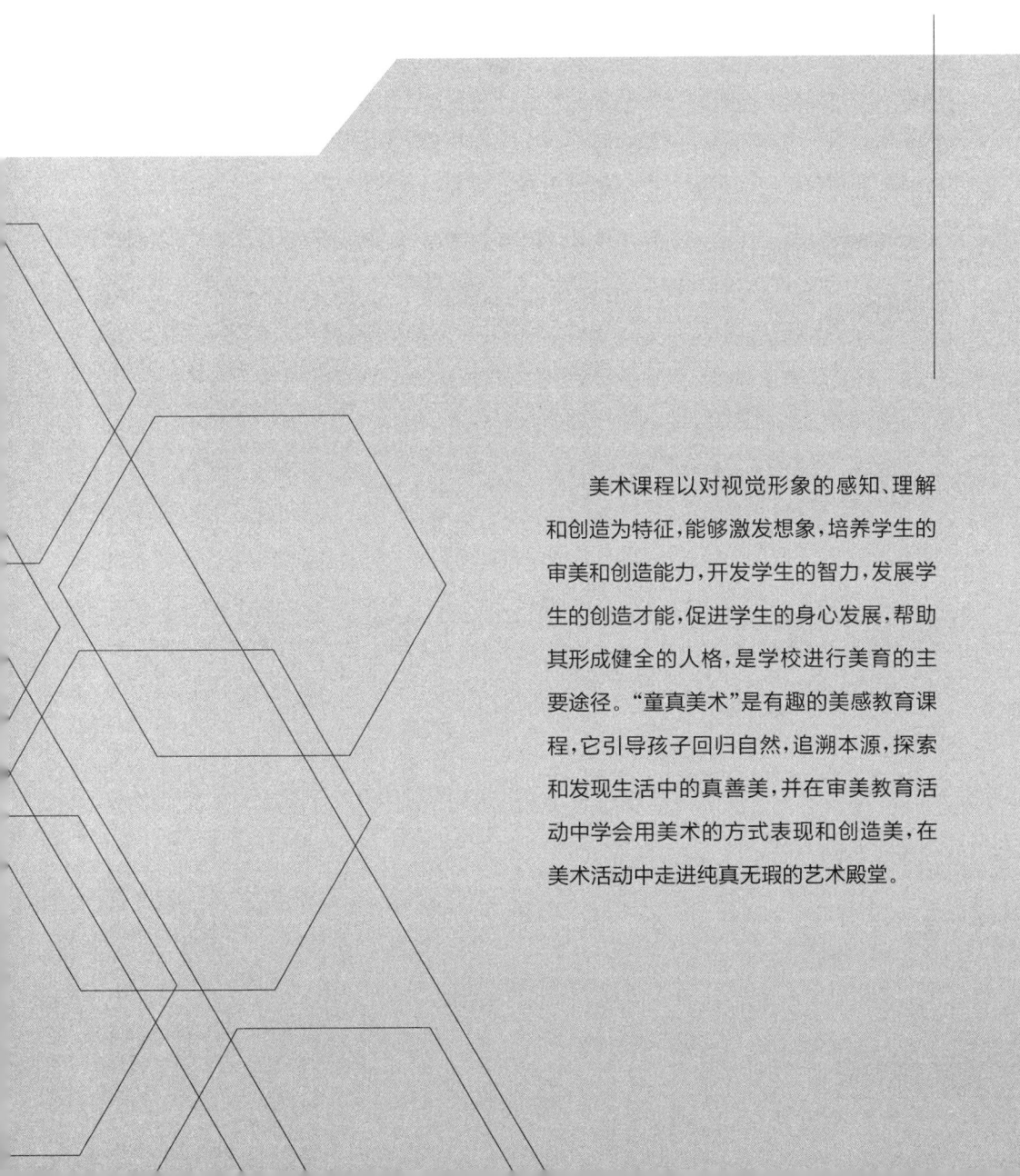

美术课程以对视觉形象的感知、理解和创造为特征，能够激发想象，培养学生的审美和创造能力，开发学生的智力，发展学生的创造才能，促进学生的身心发展，帮助其形成健全的人格，是学校进行美育的主要途径。"童真美术"是有趣的美感教育课程，它引导孩子回归自然，追溯本源，探索和发现生活中的真善美，并在审美教育活动中学会用美术的方式表现和创造美，在美术活动中走进纯真无瑕的艺术殿堂。

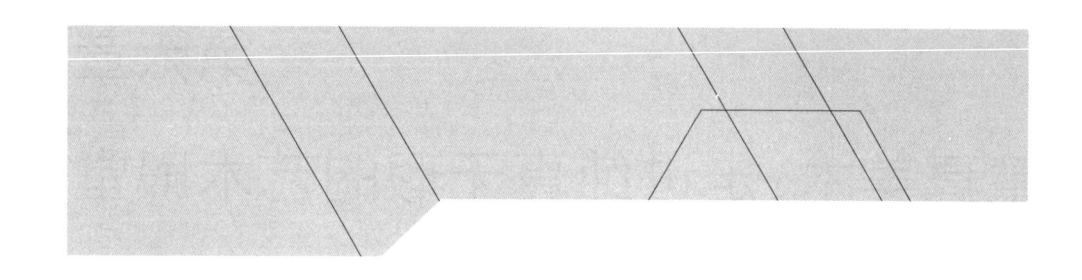

广州科学城实验小学美术教研组现有教师3名,本科率100%,均为一级教师,师资队伍优良,结构合理,是一个充满朝气的年轻团队。教研组成立至今发展稳定,团队成员团结奋进,乐于探索,在教育教学各方面都取得了一定的成绩,多次在黄埔区教育教学比赛或基本功大赛中获奖。我校美术科组根据《义务教育美术课程标准(2022年版)》文件精神,结合我校的实际,推进美术学科群课程建设,取得了显著的成效。

第一节　用最真的画笔描绘最质朴的情感

一、学科性质

美术课程以对视觉形象的感知、理解和创造为特征,是学校进行美育的主要途径,是九年义务教育阶段学生必修的艺术课程,在实施素质教育过程中具有不可替代的作用。小学美术课程具有视觉性、实践性、追求人文性、强调愉悦性等性质。美术课程能陶冶学生情操,提高学生的审美能力,在引导学生参与文化的传承和交流、发展学生的感知能力和想象思维能力、帮助学生形成创新精神和技术意识、促进学生的个性发展和全面发展等方面都能起到非常重要的作用。美术新课程在教学理念和学科性质上,特别强调了美术的人文性质——因为美术课程是人类文化的积淀和人类想象力与创造力的结晶,所以具有极高的人文价值。

小学阶段的儿童好奇心强,他们拥有真实、丰富而独特的内心世界,对事物的感知比较直接,思维也比较主观,他们更喜欢简单、随意、自由的表达,因此美术教师在儿童美术教育的过程中,应该注意保护孩子的童心,尊重他们的体验,呵护他们的创作热情,让孩子在艺术面前保持童真,用最纯粹的心去学习和体验,用最真实的作品诠释童年时代艺术作品的独特价值。

二、学科课程理念

根据美术学科的性质和儿童的年龄特点,我校美术课确认了"童真美术"的学科理念。我校倡导学生用最质朴的童心创造出独一无二的、充满童真童趣的美术作品,让学生在轻松、愉悦的环境中体验美术学习的乐趣,在玩中发现美、创造美,用自己的双手绘制充满童真的世界。"童真美术"课程旨在让学生发现童真、感受童真、表现童真,引导学生用最真的画笔描绘最质朴动人的情感。

(一)"童真美术"是追溯本源、守候初心的美术

美术是情感的产物,美术活动作为一种主观艺术活动,它和创作者的情感有着密切的联系。美术作品是艺术家本身最真挚情感的传递和表达,美术的创作过程就是艺术家通过艺术手段去唤醒自身的意识或潜意识中深藏着的已经存在的情感的过程,因此,表达的手法越简单,艺术的境界反而越高。孩子们用眼睛和心灵直接感知事物,在美术创作中会毫不掩饰地表达自己的喜怒哀乐和所见所闻,于是我们能看到,在儿童艺术作品中,童真童趣能很自然地被呈现。艺术家追求的艺术境界,不过是能在创作中保持最干净质朴的心境,最后通过艺术作品向外界传递自己真实的情感。童真的可贵之处在于,它在作品中所传递的艺术感染力,能直达观众的内心。童真是一种"高贵的单纯","童真美术"旨在引导孩子抓住初心,用最真的画笔描绘最质朴动人的情感。

(二)"童真美术"是开启心智、激发想象的美术

美术的潜在特点是培养学生思维能力的发展,美术创作过程是学生想象力和创造力的开发过程,同时也是学生主体心理的发展以及对信息重新构建的过程。在这一系列的体验过程中,儿童独特的天真烂漫和丰富的想象力不自觉地融入作品中,既宣泄了情感,发展了心智,又收获了实践成果所带来的愉悦与满足。"童真美术"课程旨在引导学生从创作中产生丰富的情感效应,深挖"真善美",激发儿童内在的情感动力因素,开启心智,绽放童年独特的美。

(三)"童真美术"是关注生活、探索人文的美术

艺术来源于生活,表现生活中的真善美是艺术家创作的永恒主题,童真之美是艺术之美的重要构成部分。在学习和生活中,儿童通过感知、欣赏美的事物,进而转化为内心对美的追求和向往,生活中的趣事自然成为美术表现的重要素材。探索和发现生活中的童趣,是艺术创作和表现的前提。学生学会发现艺术之美,不但能为美术创作奠定理论基础,还能帮助自身形成良好的素养。"童真美术"旨在通过美术课程,让儿童走进艺术作品,深度了解人类文化的丰富性,了解美术对社会生活的独特贡献,逐步形成热爱祖国文化传统和尊重世界文化多样性的价值观。

总之,美术教育可称为有趣的审美教育或美感教育,美术教育活动可以激发学生的美术兴趣,延续和发展学生的美术知识与技巧,培养学生的审美和创造能力;美术的创作活动可以开发学生的智力,发展学生的创造才能,促进学生的身心发展,帮助其形成健全的人格。

第二节　审美与表现力的高度统一

《义务教育艺术课程标准(2022年版)》中指出:随着义务教育的全面普及,教育需求从"有学上"转向"上好学",教育者必须进一步明确"培养什么人、怎样培养人、为谁培养人",优化学校育人蓝图①。美术课程目标已经由单纯重视知识转向既重视知识与技能的学习;又重视学生情感、态度、价值观的养成,对学习过程与方法的体验以及学习能力的培养,以达到学生审美能力与表现能力培养的高度统一。

一、学科课程总体目标

根据《义务教育艺术课程标准(2022年版)》课程要求,通过义务教育艺术课程的学习,学生应达到以下目标:

感知、发现、体验和欣赏艺术美、自然美、生活美、社会美,提升审美感知能力。

丰富想象力,运用媒介、技术和独特的艺术语言进行表达与交流,运用形象思维创作情景生动、意蕴健康的艺术作品,提高艺术表现能力。

发展创新思维,积极参与创作、表演、展示、制作等艺术实践活动,学会发现并解决问题,提升创意实践能力。

感受和理解我国深厚的文化底蕴和党的百年奋斗重大成就,传承和弘扬中华优秀传统文化、革命文化、社会主义先进文化,坚定文化自信,铸牢中华民族共同体意识。

了解不同地区、民族和国家的历史与文化传统,理解文化与构建人类命运共同体的关系,学会尊重、理解和包容②。

根据《义务教育艺术课程标准(2022年版)》课程要求,学校美术课程按"知识与技能""过程与方法""情感态度和价值观"三个维度设定。

(一) 知识与技能

培养学生掌握美术的基础和基本技能,强调自由表现,大胆创造,通过对美术基本

---

① 中华人民共和国教育部. 义务教育艺术课程标准(2022年版)[S]. 北京:北京师范大学出版社,2022:1.
② 中华人民共和国教育部. 义务教育艺术课程标准(2022年版)[S]. 北京:北京师范大学出版社,2022:6—7.

知识的学习和专业技能的掌握,外化自己的情感和认识。学生应达到以下目标:认识与理解线条、形状、色彩、空间、明暗、质感等基本造型要素,并能运用对称与均衡、节奏与韵律、对比与和谐、多样与统一等组织原理进行造型活动,通过对各种美术媒材技巧和制作过程的探索及实验,发展艺术感知能力和造型表现能力,体验造型活动的乐趣,产生对美术学习的持久兴趣。

(二)过程与方法

美术教育的最终要求是创造能力的培养。美术课程既强调创意的形成,又注意活动的功能目的。教师通过设计与运用等课程,让学生进行有目的的创意、设计和制作活动,发展想象力和创新意识能力,感受各种材料的特性,合理利用多种材料和工具进行制作活动,提高动手能力,了解艺术形式美感及其与设计功能的统一,认识美术与生活的密切关系,发展综合解决问题的能力,开阔视野,拓展想象的空间,激发探索未知领域的欲望,体验探究的愉悦与成就感,激发对美好生活的愿望和创作的欲望。

(三)情感态度与价值观

1. 审美情趣。通过感受、欣赏、领悟、理解和表达等活动方式,内化知识,形成审美心理结构。要求学习达到以下目标:激发学生参与活动的兴趣,引导学生学习多角度欣赏和认识自然美,学习美术作品的材质、形式和内容特征,了解中外美术发展历程,逐步提高视觉感觉能力,掌握运用语言、文字和形体表达自己的感受和认识的基本方法,形成健康的审美情趣,发展审美能力,逐步形成崇尚文明,珍惜优秀民族艺术与文化遗产,尊重世界多元文化的态度。

2. 生活情趣。美术活动经常与生活紧密相联,生活中离不开审美活动的过程,即感受美、理解美、创造美的过程。审美的发现、艺术的构思、情感的表达都来源于生活,美术活动可以让生活与艺术有效接轨。学生可以通过实践和体验逐渐提高自身的艺术感知能力和创造力,从而学会用艺术的眼光观察生活、欣赏生活,用艺术的方法表现生活、美化生活、传递生活的乐趣,最终培养积极向上的生活态度、热爱生活的情感,提高生活的品质。

3. 人文素养。培养学生的专业技能不是美术教育的终极目的,培养学生的人文精神才是。美术课程教学能让学生通过对美的认识,陶冶情操,培养美化生活的习惯,以促进自身身心平衡发展,学会对生活的观察和分析、表达。美术教师在教学过程中,努力开拓学生的视野,注重培养学生的创新精神,提高学生的文化品位和审美情趣,培养学生的社会主义道德品质,有利于发展学生的健康个性,使其逐步形成健全人格,建立正确的世界观和人生价值观。

二、学科课程年段目标

根据《义务教育美术课程标准(2022年版)》要求和义务教育美术(岭南版)教材教参要求,小学美术学科根据年段设定单元目标。这里以五年级为例(见表6-1):

表6-1 广州科学城实验小学美术课程年段目标表

		上学期	下学期
五年级	第一单元	共同要求 1. 欣赏画家笔下的美好世界,从中体验自然美以及劳动改造世界、创造世界的力量。 2. 欣赏画家笔下的劳动者,了解画家塑造劳动者的形式和手法。 3. 能用较准确的词语和较简练的语言表述自己对作品的欣赏感受。 校本要求 培养学生对绘画作品的审美情感。	共同要求 通过对中外优秀美术作品内容与形式的欣赏、描述、分析与讨论,感知作品中丰富的人物情感及其多样的艺术表现手法,并能用简单的美术术语表达自己的感受。 校本要求 引导学生观察与思考,从身边的艺术作品中进行审美学习,运用美术语汇表达自己的审美体验。
	第二单元	共同要求 以儿童装饰画创作的造型活动为中心,引导学生运用绘画、剪刻、印染等多种装饰性表现的艺术手法,创造性地运用点、线、面、色的造型元素来表达不同的生活感悟和学习体验。 校本要求 学会用装饰画的艺术手法表现童心童趣。	共同要求 认识美术作品与社会生活的密切关系,理解不同美术类别反映社会与生活的不同手法,体验用手绘、制作等方法表现社会与生活。 校本要求 学会关注、关爱老人,培养尊老爱幼的良好品德。

续 表

	上学期	下学期
第三单元	共同要求 1. 学会运用泥、纸、泡沫、塑料等多种媒材，创作动物、人物和景物等立体造型作品。 2. 通过欣赏民间彩塑和砖雕艺术，学习我国民间雕塑的相关知识，尝试塑造人物和动物雕塑造型，体验泥塑造型的乐趣。 校本要求 欣赏有趣的民间雕塑工艺品，拓展学生视野，培养学生的民族情、家乡情。	共同要求 学习透视、质感等基础知识，感受线条与色彩的情感表现。在把握技能要点的同时，更要关注学生对透视、质感、线条和色彩的运用，以及在该过程中所体现的情感表达。 校本要求 学习有关透视、质感、线条与色彩方面的基础知识，学会写实绘画手法。
第四单元	共同要求 通过学习，让学生感受意象作品中的虚实相生和奇思妙想的巧妙，引导创造性思维训练，体验设计与创意的乐趣。 校本要求 了解绘画艺术的多样性，了解美术作品丰富的表现性。	共同要求 了解构成艺术的主要门类，学习色彩构成、平面构成和立体构成的基础知识，运用对比与和谐、对称与均衡、节奏与韵律等形式原理以及不同的材料和方法，体验和尝试艺术构成设计，并用以美化生活与环境，形成初步的设计意识，培养创新能力，与他人交流设计意图。 校本要求 引导学生循序渐进地学习有关构成知识，并体验平面与立体造型设计活动的乐趣，巧妙地将传统教学中的构成知识融入学习情感表达的活动中。
第五单元	共同要求 学会绘制环保小招贴，通过创意设计进行环保宣传，从美术角度来引导学生关注环保行动，关心身边的社会与生活。 校本要求 启发学生将废弃物品进行艺术加工，使之焕发出新的生机。	共同要求 学习折、剪、切、翻转、插接等制作方法，运用对比与和谐、对称与均衡、节奏与韵律等形式原理，设计纸立体造型与物品，体验设计、创作、变化的乐趣，学习与感知艺术设计改善环境与生活的意义，并与他人交流设计意图。 校本要求 学会用纸材设计制作立体作品。

续 表

	上学期	下学期
第六单元	共同要求 围绕几种不同的民间艺术样式，引导学生探究其艺术特点，实践艺术表现手法，从中领会其文化内涵与艺术魅力。 校本要求 提高艺术造型能力和动手实践能力。	共同要求 尝试以"美术与自然""美术与生活""美术与科技"三方面为切入点，引导学生循序渐进地体验以卡纸为主要材料的立体造型活动的乐趣。 校本要求 学习动感型、科技型的儿童玩具制作方法，培养创新思维和动手能力。

第三节　在求真与创新中碰撞出绚烂的火花

根据《义务教育美术课程标准(2022年版)》课程要求,我校美术课程设置了"童真美术"课程框架结构。通过设计合理的课程内容,让孩子们通过美术学习活动,学会认真观察生活,运用独特的美术语言表达自己的所感所悟,在求真与创新中碰撞出绚烂的艺术火花。

一、学科课程结构

我校美术学科课程架构的设计依据是《义务教育艺术课程标准(2022年版)》,美术学科课程结构主要分为"欣赏·评述""造型·表现""设计·应用"和"综合·探索"四个学习领域。通过"欣赏·评述",学生学会解读美术作品,理解美术及其发展概况。通过"造型·表现",学生掌握美术知识、技能和思维方式,围绕题材,提炼主题,采用平面、立体或动态等多种表现形式表达思想和情感。通过"设计·应用",学生结合生活和社会情境,运用设计与工艺的知识、技能和思维方式,开展基于问题、基于项目的学习,进行传承和创造。通过"综合·探索",学生将所掌握的美术知识、技能和思维方式,与自然、社会、科技、人文相结合,进行综合探索与学习迁移,提升核心素养[1]。

四个学习领域的每个领域都各有侧重、互相交融、紧密相关。因此,结合我校的美术课程特点,我校美术课程设置了四个板块:"童真表现""童真应用""童真评述""童真探索",如下图所示(见图6-1)。

下图中,各板块课程具体描述如下:

(一)童真表现

"童真表现"学习领域是指运用多种媒材和手段,表达情感和思想,体验造型乐趣,逐步形成基本造型能力的学习领域。"造型"是具有广泛含义的概念,其在本学习领域

---

[1] 中华人民共和国教育部.义务教育艺术课程标准(2022年版)[S].北京:北京师范大学出版社,2022:48.

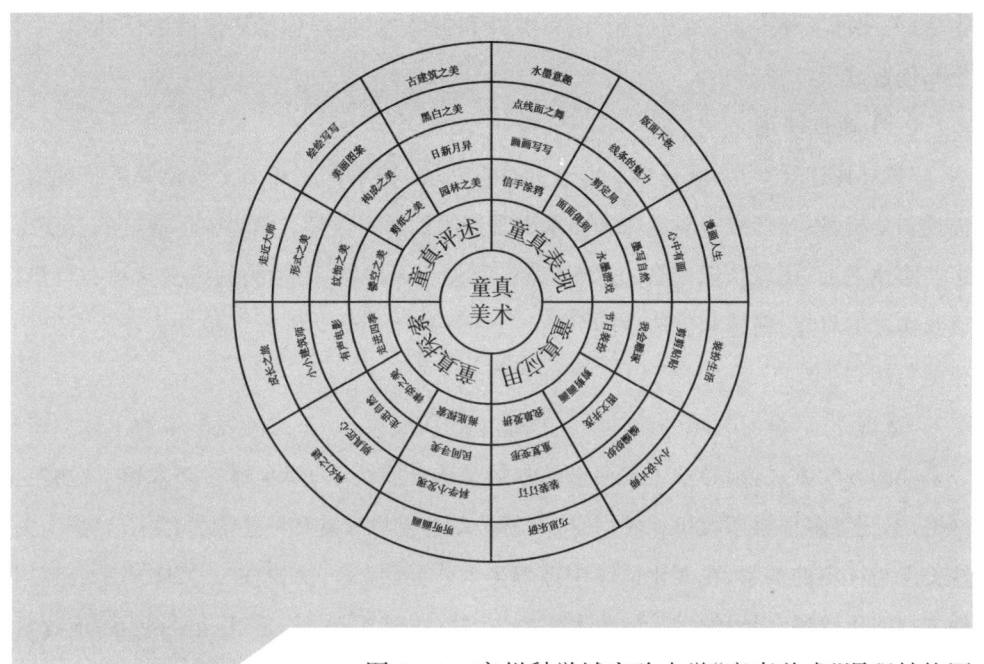

图 6-1　广州科学城实验小学"童真美术"课程结构图

中指运用描绘、雕塑、拓印、拼贴等手段和方法创作视觉形象的美术创作活动。"表现"则是通过多种媒介进行美术创作活动来传达观念、情感的过程。造型与表现是美术创造活动的两个方面,造型是表现的基础,表现是通过造型的过程和结果而实现的。

"童真表现"学习领域不以单纯的知识、技能传授为目的,而是要贴近学生不同年龄阶段的身心发展特征与美术学习的实际水平,鼓励学生积极参与造型表现活动。在教学过程中,应引导学生主动寻找与尝试不同的材料,探索各种造型表现方法,不仅要关注学生美术学习的结果,还要重视学生在活动中参与和探究的过程。

(二) 童真应用

"童真应用"学习领域是指运用一定的物质材料和手段,围绕一定的目的和用途进行设计与制作,传递与交流信息,改善环境与生活,逐步形成设计意识和实践能力的学习领域。本学习领域中"设计"的含义既包括现代设计的理念与方法,也包括传统工艺的思想、制作手段与方法。

"童真应用"学习领域以引导学生形成设计意识和提高动手能力为目的。教学内容的选择应贴近学生的生活实际,将学科知识融入生动的课程内容中,密切联系社会生活,关注环境和生态,突出应用性、审美性和趣味性,使学生始终保持浓厚的学习兴趣和创造欲望。

(三) 童真评述

"童真评述"学习领域是指学生通过对自然美、美术作品和美术现象等进行观察、描述和分析,逐步形成审美趣味和美术欣赏能力的学习领域。学生除了通过欣赏获得审美愉悦之外,还应认识作品的思想内涵、形式与风格特征,相关的历史与社会背景,以及作者的思想、情感和创造性的劳动,并用语言、文字、动作等多种方式表达自己的感受与认识。

"童真评述"学习领域的教学应注重学生的积极参与,努力激发学生的主体意识,以多样的教学方式,引导学生掌握最基本的美术欣赏方法,学会通过美术馆、博物馆、网络、书刊等多种渠道收集相关信息,不断提高学生的欣赏和评述能力,要引导学生关注美术与社会的关系,在文化情境中理解美术作品,培养人文精神。教师要充分利用地方的文化资源,引导学生了解美术作品与当地地理、历史、经济、民俗的联系,使欣赏与评述活动更贴近学生的生活。

(四) 童真探索

"童真探索"学习领域是指通过综合性的美术活动,引导学生主动探索、研究、创造以及综合解决问题的学习领域。它分为三个层次:(1)融美术各学习区域("造型·表现""设计·应用"和"欣赏·评述"为一体);(2)美术与其他学科相综合;(3)美术与现实社会相联系。三个层次之间又有着不同程度的交叉或重叠。

"童真探索"学习领域的教学需要教师改变思维定式,寻找美术各门类、美术与其他学科、美术与现实社会之间的连接点,设计出丰富多彩并突出美术学科特点的"综合·探索"学习领域的课程。在教学过程中,应特别注重以学生为主体的研讨和探索,引导学生积极探索美术与其他学科、美术与社会生活相结合的方法,开展跨学科学习活动。

二、学科课程设置

"童真美术"以课程目标的达成和核心素养的落实为出发点,围绕"美术描绘童真"的学科理念,除了基础课程之外,"童真美术"课程设置及框架表如下所示(见表6-2、表6-3):

表6-2 广州科学城实验小学"童真美术"课程设置表

年级\名称\课程类别		童真表现	童真评述	童真应用	童真探索
一年级	上学期	信手涂鸦	镂空之美	节日装扮	科学小发现
	下学期	点线面之舞	形式之美	剪剪贴贴	海底探索
二年级	上学期	线条的魅力	剪纸之美	剪剪画画	律动之美
	下学期	面面俱到	美丽图案	编编织织	别具匠心
三年级	上学期	水墨游戏	园林之美	我最爱拼	小小建筑师
	下学期	心中有画	黑白之美	装装订订	走进四季
四年级	上学期	画画写写	纹饰之美	我会雕琢	民间寻美
	下学期	水墨意趣	走近大师	装扮生活	听听画画
五年级	上学期	一剪定局	构成之美	图文并茂	走进自然
	下学期	版面不板	绘绘写写	小小设计师	科幻之谜
六年级	上学期	墨写自然	日新月异	重复变形	有声电影
	下学期	漫画人生	古建筑之美	巧思乐研	成长之旅

三、学科课程内容

"童真美术"课程根据"童真表现""童真评述""童真应用""童真探索"四大板块，分年级设置与四大板块相应的课程内容(见表6-3)：

表6-3 广州科学城实验小学"童真美术"课程内容表

年级	课程类别名称	课程名称	课程内容
一年级	上学期	信手涂鸦	1. 认识各种线条,并能说出它们的名称。 2. 运用线条进行造型表现。
		镂空之美	1. 了解纸质造型艺术,感知其从平面到立体的变化过程。 2. 掌握纸质艺术的创造方法。
		节日装扮	1. 感知美术与生活的关系,能运用不同材质进行物体装饰。 2. 启发学生热爱生活的情感,体验用艺术装扮生活的乐趣。
		科学小发现	了解科学知识文化相关内涵,学会用合适的材料工具表现自然物体形象。
	下学期	点线面之舞	1. 认识各种点和形状,学习线条的排列方法,学习涂色方法。 2. 运用点、线、面、色进行造型。 3. 能综合运用擦、涂、刮等技法进行表现。
		形式之美	1. 感受奇特形状的变化美,能用线条进行造型。 2. 学会线条疏密的组织。 3. 通过造型、色彩激发学生的想象。 4. 学会运用"合成策略"。
		剪剪贴贴	引导学生感受各种材料的特性,合理利用多种材料和工具进行制作活动。
		海底探索	1. 认识海洋生物并了解它们的结构和外形。 2. 感受海洋世界的神奇与美妙。 3. 学会运用形状、色彩、线条装饰。
二年级	上学期	线条的魅力	1. 了解黑白画的特点,学会运用线条进行造型。 2. 认识不同的造型方法,并在实践中体验线条魅力。
		剪纸之美	1. 了解剪纸的历史文化,感受剪纸艺术之美,认识剪纸符号。 2. 学会简单的剪纸技法,能熟练运用并进行造型。
		剪剪画画	1. 学会运用综合材料进行造型。 2. 运用所学的装饰手法美化作品。
		律动之美	1. 初步利用纸质材料进行立体造型,学习活动页面、风车、纸船的制作方法。 2. 培养环保意识、设计意识。

续　表

名称＼课程类别＼年级	课程名称	课程内容
下学期	面面俱到	1. 综合运用点、线、面、色进行平面创作,提高对图形的表意能力。 2. 培养想象创造能力。
	美丽图案	1. 认识各种瓜果的名称,探究物体的肌理变化,学习感知与概括能力,学习图案的排列方法。 2. 培养对物态的记忆与想象能力。
	编编织织	1. 学习用各种纸材进行简单的平面造型和组合装饰设计。 2. 陶冶"吉祥百变"的审美情趣。
	别具匠心	1. 认识"物性视觉"的特征,通过看、想、画、做等学习活动进行综合性探究。 2. 培养环保意识。
三年级 上学期	水墨游戏	1. 了解中国画的理论知识,探究水与墨的关系。 2. 学会简单的水墨技法,在实践中体验水墨魅力。
	园林之美	1. 通过了解古今中外的建筑,了解建筑与人文的关系。 2. 了解祖国古今的园林建筑特色,感受中国园林的独特美感。
	我最爱拼	1. 通过搜集身边的废旧物品,拼成有趣的艺术作品。 2. 观察自己熟悉的动植物造型,制作与之相关的科技小发明。
	小小建筑师	1. 了解建筑设计基本知识。 2. 会根据实际情况以及对科学发展的想象设计未来的建筑或园林。
三年级 下学期	心中有画	1. 根据童话故事描绘想象画。 2. 观察自然,亲近自然,根据自然现象描绘想象画。
	黑白之美	1. 欣赏线条画、黑白版画等艺术作品的特殊美感。 2. 对比色彩画与黑白画在表现同一素材时所带给观众的不同视觉感受。
	装装订订	1. 自己设计和装订小画册。 2. 改编和制作小绘本。
	走进四季	1. 了解大自然四季的色彩变化。 2. 探索大自然的色彩规律与美术设计中的色彩运用的关系。

续 表

年级 / 课程类别名称	课程名称	课程内容
四年级 上学期	画画写写	1. 画一画、改一改民间传统纹饰。 2. 用日记画的形式记录生活。
四年级 上学期	纹饰之美	1. 欣赏感受民间艺术作品图案纹饰的独特美感。 2. 对比古今中外装饰纹饰的不同风格特点。
四年级 上学期	我会雕琢	1. 尝试设计简单的美术装饰图案。 2. 用泥塑、雕塑等方式制作小工艺品。
四年级 上学期	民间寻美	1. 了解民间美术与传统民俗的关系。 2. 通过参观当地的博物馆、美术馆、名胜古迹等了解和探索民间美术特点。
四年级 下学期	水墨意趣	1. 用水墨画表现熟悉的植物。 2. 用水墨画表现自己熟悉的动物。
四年级 下学期	走近大师	1. 认识和了解中外风景画大师。 2. 对比学习不同形式、不同风格的名画。
四年级 下学期	装扮生活	1. 利用本土资源素材编织工艺品。 2. 用环保材料制作工艺品。
四年级 下学期	听听画画	1. 探索音乐与绘画的联系。 2. 体验不同音乐情境中自己联想到的不同画面。
五年级 上学期	一剪定局	1. 学习套色剪纸技能。 2. 合理运用配色方法。
五年级 上学期	构成之美	1. 认识构成知识。 2. 理解重复与渐变的构成原理。
五年级 上学期	图文并茂	1. 认识海报设计的构成要素。 2. 会运用合理的图文进行海报创作。
五年级 上学期	走进自然	探索大自然中的人文风景,了解当地文化与美术的关系。
五年级 下学期	版面不板	1. 欣赏优秀的书籍封面作品。 2. 学习版式设计的构成要素。
五年级 下学期	绘绘写写	1. 引导学生关注我国具有民族特点的优秀漫画作品。 2. 尝试用手绘漫画的形式制作宣传民族文化的简单绘本。

续 表

年级	课程类别名称	课程名称	课程内容
六年级		小小设计师	1. 掌握平面构成和立体构成的基本方法。 2. 会用专业设计知识设计生活物品。
		科幻之谜	1. 培养多视点的创造思维能力。 2. 认识超现实主义，感受共享空间的存在。
	上学期	墨写自然	1. 了解写意画的知识与技法。 2. 学习画家如何运用写意技法表现大自然。
		日新月异	1. 感受不同类别艺术的特点，学习美术分类知识。 2. 领略现代美术作品的美感。
		重复变形	1. 学习重复与变形的方法，体会重复与变形设计的艺术效果。 2. 利用画图软件复制、拉伸等功能等进行创作。
		有声电影	1. 初步了解"皮影戏"的相关知识，学习皮影的造型特点。 2. 制作生动的纸偶。 3. 培养爱国情感。
	下学期	漫画人生	1. 学习漫画的特点和表现手法，运用夸张和变形的手法进行创作。 2. 体验漫画艺术的魅力。
		古建筑之美	1. 了解中国建筑文化遗产的特点，探究建筑艺术的美感。 2. 运用综合材料进行创作。
		巧思乐研	1. 学习民间玩具风筝的知识与制作方法，运用综合材料设计，学会对称与均衡以及色彩、装饰的方法。 2. 培养科技创新意识、环保意识。
		成长之旅	1. 学习展板的设计与制作方法，记录学习的过程，体验成长的变化。 2. 巧用综合材料。

第四节　趣艺相融的多元艺术生活

《义务教育艺术课程标准(2022年版)》中指出,艺术教学要以立德树人为根本任务,以核心素养为导向。教师要深入理解艺术课程的性质、理念、目标、内容、学业质量,充分考虑学生的身心发展、个性特点和学习经验,在此基础上设计并实施教学①。因此,结合我校"童真美术"学科理念以及学科性质、学科目标等要求,我校美术课将从"童真课堂""童真课程""童真社团""童真美术节""童真之旅""童真空间"六个方面进行课程实施,力求打造趣艺相融的多元艺术活动,让学生在活动中感知艺术的魅力,获得美术的知识与技能,享受艺术创作的乐趣。

一、构建"童真课堂",落实美术学科基础课程

"童真课堂"旨在倡导轻松、民主、愉悦的美术课堂,让学生在轻松快乐的课堂氛围中主动学习,构建美术信息,创作出独特有趣的艺术作品。"童真课堂"是引导学生发现美、创造美的过程,是促进学生美术综合素养形成的过程。在"童真课堂"的实施中,教师通过设定多元的学习目标,选择丰富多彩的美术学习内容,采用多样的教学模式,制定灵活的学习方法,从而构建和谐、愉悦的课堂学习氛围。

(一)"童真课堂"的实施与操作

1. 激发兴趣,感悟童真。在美术课堂教学中,教师可通过创设优美的教学情境来激发学生的学习兴趣,拨动学生的心弦,让学生加深对美术知识的认识和理解。美术教师在教学时可根据不同的教学内容和学生的年龄特点,精心设计一些有趣的情境,如游戏情境、音乐情境、谜语情境、故事情境、竞赛情境等,让学生的兴趣和激情得到焕发,从而真正融入课堂,爱上美术课堂。另外,在美术课堂中多设计与生活紧密相关的主题、注意美术形式的多样性、合理运用多媒体的辅助教学作用等都是激发学生兴趣的有效手段。

---

① 中华人民共和国教育部.义务教育艺术课程标准(2022年版)[S].北京:北京师范大学出版社,2022:111.

2. 启发想象,发现童真。艺术来源于生活,美术教师在课堂中引导学生通过观察生活、观察自然等,发现生活中美好的事物,发现大自然中美妙的景象景物,逐渐学会用美术的眼光去搜集素材和信息,发现童年生活的乐趣,发现生活中的美,培养热爱生活、热爱大自然、热爱祖国的情感,树立正确的人生价值观。

3. 引导探索,表现童真。在美术课堂中,鼓励学生通过自主探究、合作探究等形式深入探索美术与科学、美术与人文的联系,培养科学的思维和创新意识。引导学生认真观察生活,并学会用绘画日记、漫画等自己喜欢的美术表现形式把所见所闻及时记录下来,学会用美术语言记录生活,敢于打开想象的翅膀,创作具有童真童趣的艺术作品,通过不同的艺术形式展现自我,绽放童真。

(二)"童真课堂"的评价要求

"童真课堂"的评价要求充分发挥评价的激励和反馈功能,教师能通过评价获得准确的信息反馈,继而不断改进教学工作。"童真课堂"主要从教师的课堂教学是否有实效,教师的教学过程中是否关注到学生知识、技能的发展,是否重视学生学习能力、学习态度、情感和价值观等方面进行评价,对教学课堂的教学思想、目标、内容、过程、方法、能力、效果几个方面进行分析,并制定"童真课堂"评价表(见表6-4):

表6-4 广州科学城实验小学"童真课堂"评价表

姓名		性别		年龄		上课时间		年 月 日			
课题							年级		学科		
评价项目	分值	评价要点					评价等级				小计
							A	B	C	D	
教学思想	10	课堂教学中融入"童真教育"哲学,教学过程中把握"乐学会学"的教学理念					10	8	6	4	
教学目标	12	课标与教材知识把握准确,切合学生实际					4	3	2	1	
		体现认知、技能和情感的有机结合					4	3	2	1	
		培养学生良好的学习习惯					4	3	2	1	

续 表

评价项目	分值	评价要点	评价等级 A	B	C	D	小计
教学内容	12	关注学科知识的基础性,同时挖掘学科知识的趣味性	4	3	2	1	
		联系现实生活、学生经验,注意实际应用	4	3	2	1	
		注意教材内容的整合与综合,丰富教学内容	4	3	2	1	
教学过程	30	创设富有童趣的教学情景,营造生动活泼的课堂氛围	6	5	4	3	
		注意学生在教师引领下对知识的自主建构性	6	5	4	3	
		关注课堂教学的情感性	6	5	4	3	
		关注小学生身心发展的阶段性特征	6	5	4	3	
		师生积极有效互动,学生在教师的引导下自主、合作、探究学习	6	5	4	3	
教学方法	12	注重趣味教学,引导学生调动多种感官进行学习,激发学生学习的兴趣	4	3	2	1	
		面向全体学生,关注个性发展	4	3	2	1	
		能调动学生参与、合作、探究、体验,发挥学生的主动性	4	3	2	1	
教学能力	12	使用生动活泼的教学语言,呈现富有逻辑性的板书设计	4	3	2	1	
		娴熟使用现代教育技术和制作教具,呈现多姿多彩的课堂	4	3	2	1	
		掌握学科教学基本技能,教学组织形式多样化	4	3	2	1	
教学效果	12	知识、能力、情感态度、价值观等多维教学目标的实现	4	3	2	1	
		课堂成为学生活跃思想、交流情感、展示自我的乐园	4	3	2	1	
		不同的学生实现了不同的发展	4	3	2	1	
评价意见			总分				

二、建设"童真课程",丰富美术课程体系

"童真课程"是指基础美术课程之外的拓展与延伸课程。根据美术新课程标准对实践性和人文性的强调和追求,我校主要设置了传统美术以及设计应用相关的实践拓展课程。

(一)"童真课程"的实施与操作

1. 拓展传统美术与人文美术课程。教师引导学生通过多元文化的视角进行绘画艺术的主题赏析,从中了解和感受经典作品的内涵,欣赏不同类别的现代设计作品,感受其不同手法与形式感;通过了解中国传统工艺美术品,比较其不同的造型和装饰趣味;通过欣赏我国书法、篆刻、国画、剪纸等传统经典艺术作品,提高审美情趣和美术素养。

2. 生活设计运用课程。通过学习基本的视觉元素和形式法则,在实践中加以运用。选择写实、变形和抽象等方式表达自己的想法和生活经验,如绘本制作、剪纸创作等;通过学习立体构成知识,用各种线材、面材、块材进行立体构成制作,如包装设计、创意生活用品设计等。

(二)"童真课程"的评价要求

"童真课程"的评价要求注重评价与教学的协调统一,尤其注重形成性评价和自我评价,评价要求既关注学生掌握美术知识、技能的情况,也关注学生美术学习能力、学习态度、情感和价值观等。

1. 传统美术与人文拓展课程课型以"欣赏·评述"与"造型·表现"两大类为主,课程评价要求关注学生的学习过程、学习态度、情感和价值观等,所以主要采用过程性评价、质性评价和量化评价相结合的形式。"童真评述"课型评价参考见表6-5:

表6-5 广州科学城实验小学"童真评述"课型评价参考表

欣赏环节	评价标准	评论者	欣赏者	努力方向
描述	观察细致、关注细节			
分析	抓住特征			
解释	运用准确的美术语言			

续 表

欣赏环节	评价标准	评论者	欣赏者	努力方向
判断	表达情感、发表个性观点			
态度	积极思考、大胆发言、敢于质疑			

2. 生活设计运用拓展课程的课型以"设计·应用"与"综合·探索"两大类为主，课程评价以关注学生知识技能掌握情况和综合运用能力为主，通过学生自评、互评、教师评价以及座谈等多种方式对学生的作业进行评价。"童真探索"课型评价参考见表6-6：

表6-6 广州科学城实验小学"童真探索"课型评价参考表

设计名称		作者	
设计特点			
我的表现（优秀、良好、一般）	1. 能与同学分工合作。（　　） 2. 能认真观察、思考和探究。（　　） 3. 大胆想象、能运用各种环保材料。（　　）		
得到的好评			

三、创建"童真社团"，发展学生美术特长

"童真社团"是指由学校的部分美术爱好者或特长生组建的相互学习、共同合作和探讨艺术的小团队。童真社团的构建，目的在于培养学生的美术兴趣特长，发展学生的美术技能，丰富他们的课余文化生活，给美术爱好者提供一个良好的合作学习环境。

（一）"童真社团"的实施与操作

"童真社团"的构建主要围绕"美术与人文"以及"美术与生活"的联系,有注重继承和发扬、体现中华文化民族特色的艺术社团,如"剪纸社";也有与其他学科融合的社团,如"绘本制作社";有注重基础训练的社团,如"线描画社"等。社团充分尊重学生的自主选择权,通过学生自由报名和学校选拔相结合的形式,分年段组建。

1. "剪纸社"的组建和活动实施

剪纸社团是以学习剪纸知识和技法为主的学习团体,剪纸不仅能提高学生手的灵活性,锻炼学生手脑的协调能力,还能促进学生智力的发展。剪纸社的组建目的是通过剪纸教学活动,让儿童体会剪纸制作的乐趣,激发他们的想象力,提高学生的绘画能力、构图能力以及对艺术的欣赏能力,陶冶他们的情操,培养他们的民族自豪感和民族自信心。

"剪纸社"的教学对象主要为低年段学生,教师和学生需要准备以下材料:安全剪刀、折纸、铅笔、橡皮、收纳盒、电子教学设备等。具体实施方法有文化熏陶法、合作交流法、实践总结法、鉴赏品评法等。

2. "绘本制作社"的组建和活动实施

儿童绘本创作课程是集欣赏、绘画、制作、语言、表演于一体的活动课程,"绘本制作社"组建的目的是激发孩子们的想象力,培养阅读兴趣,提高语言及动手能力,增强亲子和同伴情感,促进审美、实践、交往能力的发展。绘本创作课程具有帮助学生学会生活、学会学习、学会生存的重要价值。

"绘本制作社"面向的主要对象是中年段的学生,社团老师引导学生利用学过的绘画和手工基础技法,从自己阅读过的绘本和比较有影响力的绘本入手,大胆运用各种绘画材料,以图画叙事的形式,实现情感、意识的表达,创作出属于自己年龄段的特色绘本。

3. "线描画社"的组建和活动实施

"线描画社"组建的目的是让儿童学会运用线描的技法表现美术,在发展学生心智的同时,培养学生的表现力和创造力,培养他们热爱生活、热爱大自然的美好情感。

"线描画社"课程以一、二年级学生为教学对象,儿童线描画使用的工具比较简单,一支笔、一张纸即可。

(二)"童真社团"的评价要求

"童真社团"主要运用过程性评价与表现性评价两种方式,重点评价社团成员的学习能力、观察能力以及创造能力,同时关注对社团学生的美术鉴赏能力和创作能力方面的评价,通过教师评价、学生互评、学生自评等多种形式,以观察、问答、小组合作学习、汇报成果等方式进行评价。"剪纸社"评价见表6-7,"绘本制作社"评价见表6-8,"线描画社"评价见表6-9：

表6-7 广州科学城实验小学"剪纸社"评价表

评价者		班级:					
等级项目	A等	B等	C等	D等	个人评价	同学评价	教师评价
剪纸认知能力	了解剪纸的基础知识,熟悉各种剪纸符号以及阴刻、阳刻等方法,并流畅地剪出各种作品	能够合理地运用剪纸符号设计作品	对剪纸知识了解不深	对剪纸知识了解得不多			
操作能力	剪纸工具准备齐全,能认真、及时、独立完成课堂作业	课堂表现较认真,独立完成作品	在教师指导下能完成作品	在教师的指导下完成得不够好			
情感、态度、价值观	对剪纸的历史文化有所了解,喜欢民间剪纸艺术,会欣赏,能够设计简单的作品	对剪纸的兴趣浓厚,会欣赏作品	能够分析剪纸作品的优劣	在教师的指导下会欣赏剪纸作品			
创新情况	能创作富有新意的剪纸作品	创作出的作品有一定的新意	创新能力一般	缺乏创新能力			

表6-8 广州科学城实验小学"绘本制作社"评价表

评价者 等级项目	A等	B等	C等	D等	个人评价	同学评价	教师评价
	班级:						
绘本认知能力	深入了解绘本制作的相关知识,熟练掌握绘本制作的构成要素	基本掌握绘本制作的相关知识	不太熟悉绘本制作知识	没掌握绘本制作的相关知识			
操作能力	能熟练掌握绘本制作的方法和技能,能认真、及时、独立完成高质量的课堂作业	基本掌握绘本制作的方法和技能,基本上能独立完成课堂作业	在教师指导下能完成课堂作业	课堂作业质量欠佳			
情感、态度、价值观	对绘本文化了解深入,热爱绘本,并学会用绘本的形式记录和分享	对绘本文化有兴趣	对绘本文化兴趣不大	对绘本文化没兴趣			
创新能力	能制作出实用有趣的原创作品	创作出的作品有一定的新意	作品创意不够	作品缺乏创意			

表6-9　广州科学城实验小学"线描画社"评价表

评价者 等级项目	A等	B等	C等	D等	个人评价	同学评价	教师评价
班级：							
线描画认知能力	了解线描画的基础知识，能够感受线描元素，学会精细、概括、夸张、疏密等艺术表现手法	能够合理地运用点线面符号设计作品	对线描画知识了解不深	对线描画知识的了解不多			
造型能力	能够在写生过程中观察物体外形特征，感受物体的大小对比，探讨线描画的疏密、虚实、重复、黑白灰的画面效果	课堂表现较认真，独立完成作品	在教师指导下能完成作品	在教师的指导下完成得不够好			
情感、态度、价值观	对绘画兴趣浓厚，富有创造性思维、绘画能力有所提高	对线描画的兴趣浓厚，会欣赏作品	能够分析线描画作品的优劣	在教师的指导下会欣赏			
创新情况	能以一个简单的形状创作丰富多变的线描画作品	创作出的作品有一定的新意	创新能力一般	缺乏创新能力			

四、设立"童真美术节",浓郁学校艺术文化

"童真美术节"是指与传统节日或重大节日举办主题相关的学校艺术节活动,如端午龙舟主题绘画或手工制作大赛,中秋灯笼制作大赛,六一儿童节的趣味童画艺术作品征集活动、科技科幻画大赛等。

(一)"童真美术节"的实施要义与操作

"童真美术节"实施的主要方向是"关注文化与生活",通过主题美术竞赛的形式,鼓励学生参加比赛,借此增长知识,了解节日文化,提高艺术素养。美术节活动不但能给学生制造浓郁的艺术氛围,还能通过活动引导学生关注社会和生活,对传统文化进行继承和创新。美术科组根据节日文化和本土文化,结合学校本身的校情,开展"龙舟美术节""中秋美术节""校园美术节"等美术活动,营造校园艺术氛围,浓郁校园艺术文化气息。

1. "龙舟美术节"活动。赛龙舟是中国端午节的习俗之一,也是端午节最重要的节日民俗活动之一,广东全省城乡均有划龙舟习俗,广州郊区珠江河面上也会举办相关赛事。美术科组利用每年的端午龙舟活动,在每年的端午节前后,举办"龙舟美术节"活动,开展龙舟活动主题的绘画比赛或龙舟模型制作比赛。活动要求学校全体学生参加,最后通过评奖和展览优秀作品的形式宣扬民族文化,让学生通过活动和艺术创作,逐渐加深对祖国传统文化内涵的认识,感受中国传统文化的魅力,提升爱国主义意识。

2. "中秋美术节"活动。我校每年在中秋前后、国庆前开展"中秋美术节"活动,要求全校所有的学生参加。学生可以通过绘画、手抄报、书法、制作灯笼、贺卡等艺术形式表达对传统节日文化的理解和认可,表达对祖国的祝福和热爱。活动后会在校园内分段、分期展览优秀作品,营造浓郁的节日气氛和艺术文化氛围。

3. "校园美术节"活动。每年的"六一"国际儿童节前,学校美术科组会如期举办一年一届的"校园美术节"活动,通过征集学生的优秀绘画、书法、手工艺作品或举办现场书画创作比赛活动,让孩子们在自己的专属节日里尽情展示艺术才能,展现自我,增强自信。在"六一"文艺汇演期间,美术科组会给所有参与决赛的孩子颁发证书,分年级展示相关活动的优秀绘画和手工艺作品、制作艺术画册,通过多种形式和渠道展示艺术成果,给孩子们搭建绽放童真、绽放自我的平台,让孩子们在欢乐的节日里共享艺

术硕果。

(二)"童真美术节"的评价要求

学校根据方案,制定评奖的方法,在学校进行展览,鼓励学生共同参与,优缺兼顾,组织学生采用投票、贴红花,以及参与者对自己的学习历程及作品特征的描述、评价、自我反思等方式评价(见表6-10):

表6-10 广州科学城实验小学"童真美术节"评价表

小组人员		评价教师	
艺术节		等级	
项目	评价标准		评价
画面内容 30分	主题内容明确、表现富有创意		
	内容健康丰富、积极向上、完整		
	弘扬主题旋律,贴近同学生活、学习和思想		
色彩搭配 30分	色彩丰富,色调统一、和谐		
	色彩与内容主题搭配得,富有联想性		
	版面色彩鲜艳,引人注目		
版面设计 30分	画面效果和谐统一,内容表现有层次		
	画面设计新颖、有活力,富有美感		
	画面与内容协调一致		
活动效果 10分	学生兴趣得到培养,个性特长得到发展		
	拓展了学生的思维空间,培养了学生的创新意识		
综合评价			
精彩之处:		问题及建议:	

五、开启"童真之旅",拓展艺术视野

培养学生的艺术修养,关键是对审美感知能力的培养。开展艺术的旅行,是为了

更好地把知识内化,使之形成牢固的知识体系。"童趣之旅",是指让学生走进美术馆或大自然,通过参观美术馆、博物馆的艺术作品,或直接观察和触摸大自然的方式,打开眼界,拓展视野,直接感受艺术之美、自然之美,提高美术的感知欣赏能力。

(一)"童真之旅"的实施与操作

带儿童参观美术馆,目的不在于引导与模仿,而在于感受与体验,让儿童在经典的艺术作品里感受艺术的魅力,欣赏不同的色彩、图形、线条展示出的缤纷世界,体验画笔在大师手中所能展现的意想不到的魔力,通过画家用画笔对美、对生命不停的探索,得知原来世界还有另外的样子。

带儿童走进大自然,直接观察和感受大自然,领略大自然艺术大师的"鬼斧神工"之美,享受大自然色彩的绚丽与和谐之美,是引导学生发现美、感受美的最直接、最廉价的方式。大自然是最棒的艺术大师,自然中呈现的美是最基本、最生动、最丰富的,自然中美的事物通过审美主体的体验,可以激发人的情感,激发表现美和创作美的欲望和灵感。

"童真之旅"活动要求老师在前期指导学生先搜集资料,做好计划,带着问题去参观和探索。参观美术馆的时候教师应指导学生欣赏、观察、临摹、写生等,后期让学生通过写观后感、小组总结汇报或写生展等活动形式进行成果展示和交流。

(二)"童真之旅"的评价要求

在实际生活中,只有丰富学生的实践探究活动,才能加深其对美的理解与应用。"童真之旅"采用多种方式进行评价,如教师评价与学生的自评、互评相结合,小组的评价与组内个人的评价相结合;小组之间开展经验交流与成果展示等,激发学生对美术的学习热情。"童真之旅"评价标准见表6-11、表6-12:

表6-11　广州科学城实验小学"童真之旅"评价表

指标	权重	评分标准
所参观的作品分类	15	分辨出绘画、雕塑、建筑、工艺美术四类美术作品
	15	概括出绘画、雕塑、建筑、工艺美术的艺术特征
欣赏评述	20	运用美术术语进行简单的艺术作品评析

续 表

指标	权重	评分标准
认识了解	20	对代表性作品的出处及背景进行简单介绍
局部临摹	20	能用简单的工具对经典作品进行局部临摹
参与程度	10	积极参与学习活动

表 6-12　广州科学城实验小学"童真之旅"自我评价表

评价	☺	😐	☹
你能否经常观察、欣赏各种美术作品？			
你能否分辨出绘画、雕塑、建筑、工艺美术？			
你对经典美术作品是否有自己的认识和看法？			
你是否运用美术术语进行欣赏评述活动？			
评价方式：过程性评价			

六、创设"童真空间"，营造美育环境

"童真空间"是富有趣味的、能发展学生美术能力的艺术空间。为了给学生营造宽松的学习氛围和学习环境，我校设计了"艺趣阁"美术空间、网上美术空间等。

(一) "童真空间"的实施要义与操作

"童真空间"的设立有实地空间和网络空间两种模式。学校根据校园场地实际情况，设立"童真美术室""童真广场""童真走廊""童真教室"等实地"童真空间"，在学校官网、微信公众号、班级群等设立网络"童真空间"。无论是实地空间还是网络空间，里面展示的主题作品都会定期更新。

1."童真美术室"。"童真美术室"是学校为学生提供的专属"童真空间"，主要由作品展示区、创作区、反馈区等空间构成，是学生进行作品展示和交流的场所。

2. "童真广场"。"童真广场"是学校为学生提供的用来交流艺术作品的公共展览区域,在学校设置"童真广场",用流动展板展览学生获奖作品或优秀课堂作业,定期展览学校的主题竞赛优秀作品,及时鼓励积极参与创作的孩子,给孩子们提供互相交流和学习的平台。

3. "童真走廊"。"童真走廊"是学生展示童真美术作品的重要空间,让学生在平常活动的空间就能时刻接受艺术熏陶。"童真走廊"的设置范围主要是学校的公共楼梯间、课室走廊等,"童真走廊"里展示的美术作品可以是优秀课堂作业、参加竞赛的优秀作品等。

4. "童真教室"。"童真教室"是学生展示与分享的场所,由学生在课室设置宣传角,展览本班学生的优秀作业,并对作品进行定期更换,添加欣赏建议表,由学生进行点评,培养学生爱分享、懂评述的良好习惯。

(二)"童真空间"的评价要求

"童真空间"的评价主要运用分析、描述、反馈等方法进行。(见表6-13)

表6-13 广州科学城实验小学"童真空间"评价表

评价项目	评价标准	分数
空间环境	富有童趣的教学环境,能够营造生动活泼的课堂氛围	15
文字反馈	能调动学生参与、合作、探究、体验,发挥学生的主动性	20
网络空间	安全、有效的文化交流平台	15

总之,"童真美术"课程的实施,坚持面向全体学生的教学观,其重点在于探究有效教学的方法,营造有利于激发学生创新精神的学习氛围,给学生感悟美术作品提供平台和机会,引导学生观察自然环境和社会生活,重视对学生学习方法的研究,探索适合学生身心发展水平的教学手段,培养学生健康快乐的心态和持之以恒的学习精神。

(撰稿者:谢晓虹 李玉 刘丽霞)

第七章

童融科学：运用融合之道解决身边的科学问题

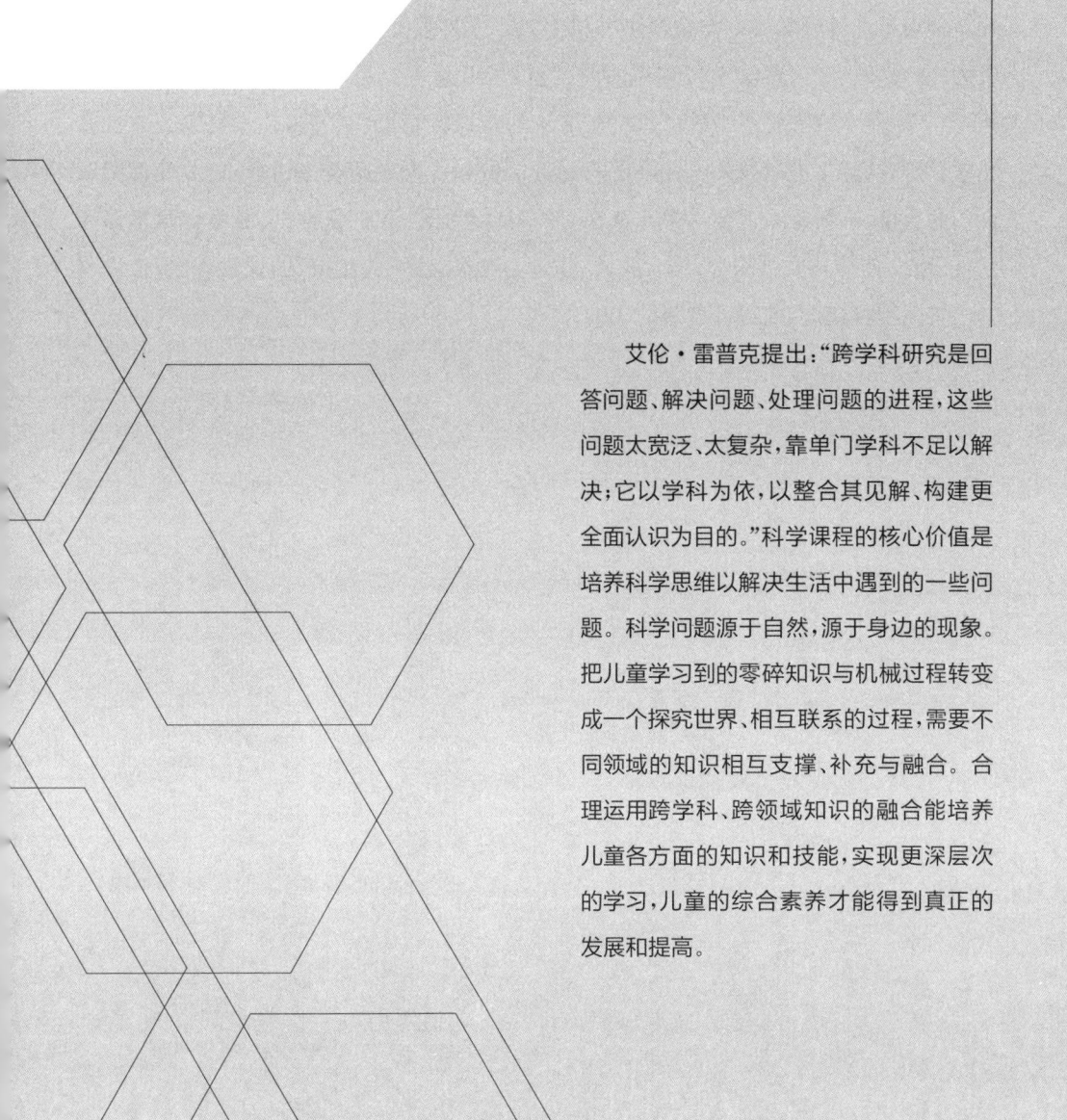

艾伦·雷普克提出："跨学科研究是回答问题、解决问题、处理问题的进程，这些问题太宽泛、太复杂，靠单门学科不足以解决；它以学科为依，以整合其见解、构建更全面认识为目的。"科学课程的核心价值是培养科学思维以解决生活中遇到的一些问题。科学问题源于自然，源于身边的现象。把儿童学习到的零碎知识与机械过程转变成一个探究世界、相互联系的过程，需要不同领域的知识相互支撑、补充与融合。合理运用跨学科、跨领域知识的融合能培养儿童各方面的知识和技能，实现更深层次的学习，儿童的综合素养才能得到真正的发展和提高。

广州科学城实验小学科学科组现有教师15人,其中小学高级教师2人、一级教师6人、二级教师7人,包含市特约教研员1人,区兼职教研员1人,区品牌教师1人,市教育学会小学科学实验专委会副秘书长1人。学科教师业务能力强,思维开阔,与时俱进,一直处于区内科学学科潮流的前列位置,可称得上是黄埔区科学学科的"弄潮儿"。广州科学城实验小学科学科组在多年的新课改浪潮中实践,以学科组为单位开展教学研究,经常走出校外,与区、市的先进单位和优秀教师交流讨教,充分发挥团队合作的力量,不断探索适合当今儿童特点的科学课堂。我们依据《义务教育科学课程标准(2022年版)》文件精神,结合我校"让童心飞扬,让童年绽放"的课程理念,推进科学学科课程群建设,取得了显著的成效。

第一节 科学是探究世界的工具

一、学科价值观

《义务教育科学课程标准(2022年版)》指出:"科学是人类在研究自然现象、发现自然规律的基础上形成的知识系统,以及获得这些知识系统的认识过程和在此过程中所利用的方法。根据研究对象不同,可将科学分为物理学、化学、生物学、天文学、地球科学等分支。这些分支具有研究方法的差异,也共享一些通用的科学方法,呈现出相互渗透、交叉融合的趋势。科学为技术和工程提供了理论基础。科学、技术与工程的相互促进作用日益增强,推动着生产力的发展、经济的繁荣和社会的进步,促进了人们生产方式和生活方式的变革,提高了人类社会的物质文明水平;科学为人类认识和理解自然与社会提供了独特的思想方法、思维方式、精神力量和价值观念,提高了人类社会的精神文明水平。在广义的理解中,科学也包括技术与工程[1]。"

基于这种认识,我们认为,科学课程的核心价值是培养科学思维以解决生活中遇到的一些问题。专家指出,我国中小学的科学教育较为重视科学知识的理解,学生的科学知识较为扎实;不足之处主要体现为学生利用科学知识解决问题的能力,尤其是动手实践能力、实验操作能力较弱。本课程的实施过程与实施目的,就是提高学生综合运用知识解决实际问题的能力,有效弥补与改善我国传统科学教育的不足之处。我们从发现身边的科学开始,让学生持续对自然现象充满好奇和敬畏,培养学生发现科学问题的意识,提高学生运用科学思维和手段解决问题的能力。

科学问题本就源于自然,源于某一现象的问题,发挥不同的知识领域的功能并不是简单地组合起来,而是要把学生学习到的零碎知识与机械过程转变成一个探究世界、相互联系的过程。不同领域间存在相互支撑、相互补充、共同发展的关系。只有在交互中,在相互的碰撞中,才能实现深层次的、理解性的学习,也才能真正培养孩子各

---

[1] 中华人民共和国教育部.义务教育科学课程标准(2022年版)[S].北京:北京师范大学出版社,2022:2.

个方面的技能和认识,使他们的综合素养得到发展和提高。

二、学科课程理念

广州科学城实验小学科学组依据《义务教育科学课程标准(2022年版)》精神,结合科组教师多年来的教学实践,提出了"运用融合之道解决身边的科学问题"的"童融科学"课程理念。当"童融科学"教育理念作为一种新的元素融入科学教学,必然会对原来的教学产生有利的影响,从而使科学知识、科学探究形式、"童融科学"教育理念在教师和学生之间彼此融合、相互协调,影响整个教学过程。

(一)理念上的重整——寻求统一

"童融科学"教育理念的内涵在于重视科学、技术、工程、艺术和数学之间的整合,在于提高学生探究、创新和解决问题的能力,在于培养学生的科学、技术、工程、艺术和数学素养。小学科学是一门面向全体学生、引导学生进行科学探究的活动课程,注重学生求知欲的激发和科学兴趣的培养,引导学生通过亲身探究和积极实践增强创新精神和实践能力。因此,学科组将"童融科学"的要素融入小学科学,将两者在理念上进行重新整合,使其高度统一。两者都强调学习的情境性,将科学问题置于现实的生活中,通过观察科学现象,探寻科学知识,从而促进学科之间的融合与联系,在解决问题中学习科学知识,激发学生的好奇心和求知欲,从而提高学生的创新能力和动手操作能力。在解决真实问题的过程中,培养学生勇于探索、积极进取的科学态度和创造精神,这是"童融科学"教育理念和小学科学课程整合的核心价值。

(二)课程上的重构——力求创新

随着教育信息化的发展,教学中的各种新技术、新模式层出不穷,国家也积极鼓励教师将新技术应用于日常的教学中。因此,探索新的教育模式,增强学生的创新意识迫在眉睫。

将"童融科学"教育理念和小学科学课程相互融合,在课程方面,通过新旧知识的查找与应用、技术和艺术思维的运用及作品形式的表达,最终获取对知识的理解与领悟。基于两者都强调对知识的应用及学科之间的关系,因此,将"童融科学"教育理念融入小学科学课程中,不仅是对小学科学课程教育模式的一次尝试和创新,更是对"童融科学"教育的跨学科核心特征的一种认可。通过"童融科学"教育理念与小学科学在课程上的重构，促进多门学科之间相互联系，实施基于科学问题的教学设计。在课堂上，学生分组合作、互相讨论，尽显自己的知识储存，在丰盈学生精神世界的同时，使教学过程更丰富，可操作性更强，从而让学习变得更有趣味，以此培养学生的创新和实践能力。

（三）实践上的重组——相辅相成

"童融科学"教育理念和小学科学课程的融合超越了传统的课堂教学模式。在课堂教学过程中，教师围绕一个真实的科学问题展开，学生动手操作实践，利用小学科学课程中的科学知识和资源平台，共同搜集学习材料，运用数学知识分析数据和工程思想建立模型，把握"童融科学"教育理念中的各学科之间的相互联系，在讨论和交流中激发创造灵感，最终解决科学问题并分享活动成果，体验科学探究的乐趣。在此过程中，"童融科学"教育理念与小学科学实现了教学实践的重组，两者相辅相成，一个作为理论基础，一个运用于实践，在提高学生问题解决能力的同时，共同促进小学科学课程教学设计模式的创新与完善。

物理学家、量子论的创始人 M. 普朗克深刻地认识到："科学是内在的整体，它被分解为单独的部门不是取决于事物的本质，而是取决于人类认识能力的局限性。实际上存在着由物理学到化学、通过生物学和人类学到社会科学的链条，这是一个任何一处都不能被打断的链条。"A 领域的研究问题，用 B 领域的方法，往往会得出令人意想不到的结果。百年来获得诺贝尔自然科学奖的 300 多项成果中，近半数的项目是多学科交互融合取得的。

第二节　提高解决科学问题的能力

《义务教育科学课程标准(2022年版)》指出:科学课程旨在培养学生的核心素养,为学生的终身发展奠定基础;指导学生掌握基本的科学知识,形成初步的科学观念;指导学生掌握基本的思维方法,具有初步的科学思维能力;使学生掌握基本的科学方法,具有初步的探究实践能力;使学生树立基本的科学态度,具有正确的价值观和社会责任感[①]。

一、学科课程总体目标

依据《义务教育科学课程标准(2022年版)》,我校将"童融科学"课程总体目标分为科学观念、探究实践、态度责任、科学思维四个维度。

（一）掌握基本的科学知识,形成初步的科学观念。

（二）掌握基本的科学方法,具有初步的探究实践能力。

（三）树立基本的科学态度,具有正确的价值观和社会责任感。

（四）掌握基本的思维方法,具有初步的科学思维能力。

二、学科课程体系

根据小学科学课程总目标以及国家统编教材和教师教学用书,学科组创设了一至六年级的课程体系,现以一年级为例阐述课程的年段目标(见表7-1):

---

① 中华人民共和国教育部.义务教育科学课程标准(2022年版)[S].北京:北京师范大学出版社,2022:6.

表7-1　广州科学城实验小学"童融科学"课程一年级目标表(部分)

年级	单元要求	学期 上学期	下学期
一年级	第一单元	共同要求 1. 能用多种感官观察植物,知道植物是有生命的。 2. 通过观察植物,学习植物的主要器官,利用语言、图画描述、记录观察内容。 3. 感受植物的多样性,对植物产生研究兴趣,了解植物在生活、生产中的运用。 校本要求 认识校园的植物,能熟练辨认。	共同要求 1. 能运用多种感官和简单的方法观察物体,可以描述出物体的颜色、形状、轻重、薄厚、表面粗糙程度等特征。 2. 认识水和空气具有无色、无味、会流动等特征。 3. 在教师的指导下,能够对信息进行整理和分类,回顾和反思探究的方法。 校本要求 收集身边常见的物品,观察和描述它们的特征,尝试从颜色、轻重、软硬等方面对它们进行分类。
	第二单元	共同要求 1. 学会从多角度观察物体,感受物体的相同之处和不同之处,感受这是一个比较的过程。 2. 理解不同的观察角度有不同的比较结果,尝试用排序的方式描述和记录。 3. 学会倾听他人的意见,乐于讲述自己的观点,能够在学习小组合作学习。 校本要求 认识身边的人工世界;了解常见的工具,知道简单工具的功能和使用方法。	共同要求 1. 能运用多种感官观察动物,知道不同的动物具有共同的特征,同一种动物也有个体差异。 2. 知道动物会运动、呼吸、生长、繁殖和死亡,它们的生活需要适宜的环境、空气、食物、水、阳光等。 3. 能对小动物进行观察,并用合适的科学词汇进行简单表达。 校本要求 "寻访"校园或小区的小动物。

第三节　交互和融合绽放科学魅力

科学课程设置13个学科核心概念,是所有学生在义务教育阶段应该掌握的科学课程的核心内容。通过对学科核心概念的学习,学生应理解物质与能量、结构与功能、系统与模型、稳定与变化4个跨学科概念。将科学观念、科学思维、探究实践、态度责任等核心素养的培养有机融入学科核心概念的学习过程中,可以为小学生科学素养的初步培养和持续发展奠定良好的基础。

一、学科课程结构

依据国家教育方针政策,我校的基础课程设计以国家统编教材为教学媒介,全面有效实施国家课程。根据《义务教育科学课程标准(2022年版)》,小学阶段的科学课程内容包括"物质的结构与性质""物质的变化与化学反应""物质的运动与相互作用""能的转化与能量守恒""生命系统的构成层次""生物体的稳态与调节""生物与环境的相互关系""生命的延续与进化""宇宙中的地球""地球系统""人类活动与环境""技术、工程与社会""工程设计与物化"等13个核心概念。"童融科学"课程依据课程标准,以培养学生科学素养为宗旨而开发,分为"童融物质""童融生命""童融宇宙""童融工程"四大板块(见图7-1)。

具体描述如下:

(一) 童融物质

人们生活在物质世界中,每时每刻都在接触各种各样的物质,感受自然界和人类生活中所发生的、丰富多彩的物质的运动和变化。物质世界中的各种现象和过程,都有着内在的规律性。物质科学就是研究物质及其运动和变化规律的基础自然科学。

本领域内容的学习将有助于增强学生探究物质世界奥秘的好奇心,形成"世界是物质的,物质是运动的"的观点,使学生感受到物质科学对促进社会进步、提高人类生活质量的重要作用,帮助学生初步养成乐于观察、注重事实、勇于探索的科学品质。

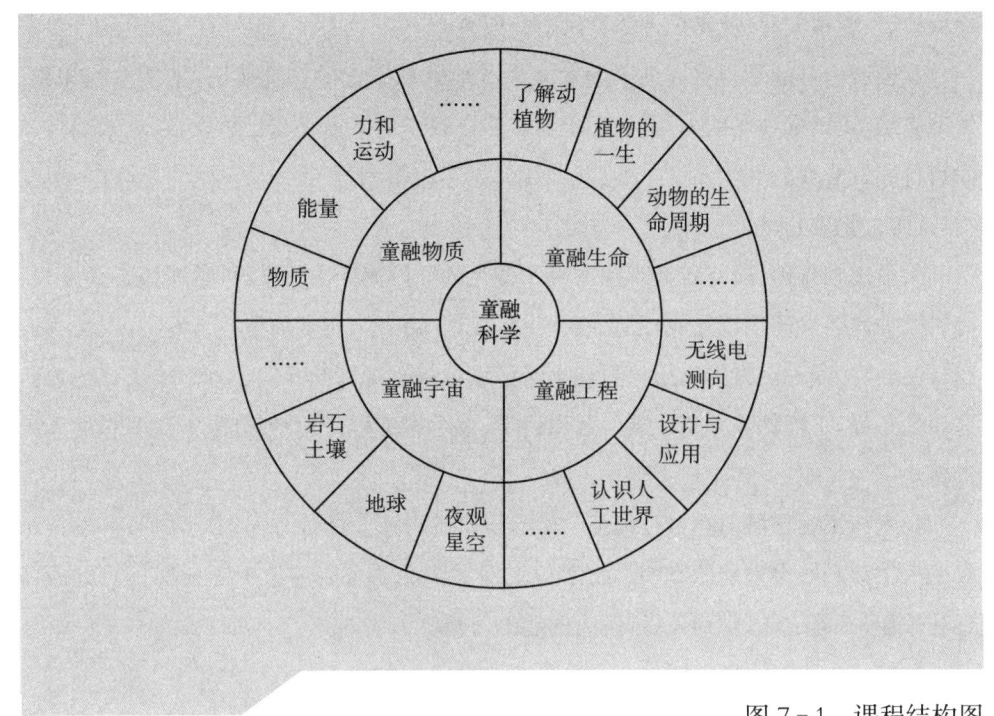

图 7-1 课程结构图

(二) 童融生命

生命世界包含动物和植物等多种生物类群,生物的生存都需要一定的条件,如营养物质、适宜的温度、水和空气等,在此基础上,生物个体才能够生长、发育和繁殖后代,从而使这些生物类群得以延续。植物能够制造营养物质,可供自身利用;而动物则不能制造营养物质,只能利用植物等生物制造的营养物质。生物之间,以及生物与环境之间相互依赖、相互影响,组成一个有机的整体。

本领域内容的学习有助于激发学生了解和认识自然界的兴趣,帮助学生初步形成生物体的结构与功能、局部与整体、多样性与共同性相统一的观点,形成热爱大自然、爱护生物的情感。

(三) 童融宇宙

地球是目前人们认识到的宇宙中唯一适合人类生存的星球。地球与宇宙中的有关现象、事物和规律,具有时间和空间的复杂性,需要对它们运用实地观察、长期观测、建构模型、模拟实验、逻辑推理等方法进行研究。

本领域内容的学习将有助于激发学生对地球和宇宙的探究热情,发展空间想象、模型思维、逻辑推理等能力,引导学生初步建立科学的宇宙观和自然观,以及人地协调的可持续发展观。

(四) 童融工程

人类观察自然、研究各种现象产生和变化的原因而产生科学,科学的核心是发现;对科学加以巧妙运用以适应环境、改善生活而产生技术,技术的核心是发明;人类为实现自己的需要,对已有的物质材料和生活环境加以系统性的开发、生产、加工、建造等,这便是工程,工程的核心是建造。运用科学、技术和工程,人类创造了丰富多彩的人工世界。

技术与工程领域的学习可以使学生有机会综合所学的各方面知识,体验科学技术对个人生活和社会发展的影响。技术与工程实践活动可以使学生体会到"做"的成就感和乐趣,并养成通过"动手做"解决问题的习惯。

二、学科课程设置

"童融科学"以完成既定课程目标为出发点,围绕"运用多学科融合的综合教育解决身边的科学问题"的理念,进行了除基础课程外的"童融科学"课程设置。1—6年级课程设置及框架表如下所示(见表7-2):

表7-2 广州科学城实验小学"童融科学"课程设置表

课程内容＼课程类别＼年级	童融物质	童融生命	童融宇宙	童融工程
一年级	物质	了解动植物	天气	认识人工世界
二年级	力和运动	植物的一生	岩石、土壤和化石	认识工具

续 表

课程类别 课程内容 年级	童融物质	童融生命	童融宇宙	童融工程
三年级	电	动物的生命周期	宇宙	认识材料
四年级	能量	生态系统	不断变化的地球	认识科学家、工程师、发明家
五年级	化学	人体	水和天气	设计与应用
六年级	简单机械	微小世界	夜观星空	无线电测向

三、学科课程内容

"童融科学"课程具体内容与目标见表7-3：

表7-3 广州科学城实验小学"童融科学"课程内容表

年级	内容与目标 名称	课程名称	内容要点
一年级	上学期	① 生活中的材料 ② 认识身边的动植物	① 辨别生活中常见的材料。 ② 认识校园和小区的动植物。
	下学期	① 了解天气 ② 认识科技产品	① 能坚持一段时间的天气观察活动。 ② 认识周围简单科技产品的结构和功能。

续 表

年级	名称 内容与目标	课程名称	内容要点
二年级	上学期	① 力的实验 ② 植物的一生	① 做和力相关的实验,尝试做科学记录。 ② 亲手种下盆栽植物的种子,观察和记录种子萌发成幼苗,再到开花结果的过程。在校园和社区中观察常见的树木,为校园或社区树木挂标牌。查阅本市的市花或市树的有关资料。
	下学期	① 观察岩石 ② 科学小制作	① 能初步辨别学校、小区里常见的石头。 ② 利用身边可制作加工的材料和简单工具动手完成简单的任务。
三年级	上学期	① 认识电路 ② 动物的生命周期	① 观察身边常见的各种开关,了解控制电路的方法,制作简易开关。 ② 养殖蚕,记录动物的生命周期。
	下学期	① 宇宙 ② 给材料分类	① 知道白昼和黑夜的成因,知道太阳、月球东升西落的规律;能坚持做一段时间的月相观察记录。 ② 收集身边常见的物体,观察和描述它们的特征,尝试从颜色、轻重、软硬等方面对它们进行分类。
四年级	上学期	① 能量 ② 食物链和食物网	① 动手操作关于能量转化的实验。 ② 制作生态瓶。
	下学期	① 地球的运动 ② 科学家的故事	① 能在晚上观察到北极星(或北斗七星)、猎户座。 ② 做好科学家故事的阅读卡登记。
五年级	上学期	① 溶解与过滤 ② 结构与器官	① 利用过滤的方法把两种互不相容的物质分离开来;通过动手实验、观察、协作等过程,学生能进行过滤操作及对失误进行简单分析。 ② 进行简单的人体小实验(身体机能测试)。
	下学期	① 水的三态变化 ② 科学小制作	① 动手实验,感受水的三态变化过程。 ② 科学小制作,体验设计、制作和产品分享的过程。

续 表

名称\内容与目标\年级	课程名称	内容要点
六年级 上学期	① 简单机械 ② 使用显微镜	① 在比较各种简单机械的工作原理和实际使用的过程中,感受分类的科学方法。 ② 说明显微镜的构造和各部分的作用;能规范、独立地使用显微镜,并观察到清晰的图像;通过观察多媒体展示的显微镜的构造图,了解显微镜各部分的结构及其作用。
六年级 下学期	① 天文观测 ② 无线电测向	① 会使用星图观察星座;能说出两个以上四季典型的星座。 ② 熟练掌握测向机操作方法,组建队伍参加各级各类竞赛。

第四节 科学是有趣而多元的活动

《义务教育科学课程标准(2022年版)》指出:面向全体学生,立足素养发展;聚焦核心概念,精选课程内容;科学安排进阶,形成有序结构;激发学习动机,加强探究实践;重视综合评价,促进学生发展①。

因此,"童融科学"课程依据学科课程理念、课程目标、课程设置,从"童融课堂""童融探究""童融科技节""童融社团"四个方面进行设计,旨在践行"运用融合之道解决身边的科学问题"的课程理念。

一、构建"童融课堂",立足根本,提升学习质量

"童融课堂"是多彩有趣的学习过程。"童融科学课堂"有多元的学习目标、丰富的学习内容、灵活的学习方法、轻松的学习氛围。学生在课堂中不断地发现问题、思考问题,寻找解决问题的方法并予以优化。因此,"童融课堂"是有趣、多元、融合的。

(一)"童融课堂"的要义与操作

为了培养学生的科学素养,教师要为学生提供多样化的学习机会,如探究的机会,综合运用知识解决真实情境问题的机会,讨论辩论的机会,关心与环境、资源等有关议题的机会等。

1. 动手动脑做科学。小学科学课与其他课的重要区别之一,是很多情况下学生要通过动手做来学习科学,比如:做实验,制作模型观察、测量,种植与饲养……这些活动不仅是学生喜欢的学习方式,也是学生理解科学概念的重要经验支撑。动手不应是纯粹的操作性活动,还应与动脑相结合。边动手边思考,可以使两者相互支持,相得益彰。

2. 开展探究式学习。探究的问题可以来自学生,也可以来自他人。无论问题来自何方,都必须与学生探究能力的水平相符。在时间、空间都有限的课堂上,探究问题应结构良好、容量合适,对于学生科学思维发展更有价值的真实问题也应该占有一席之地,时空的局限可以通过与综合实践活动课程或校本课程的结合等途径加以解决。

---

① 中华人民共和国教育部.义务教育科学课程标准(2022年版)[S].北京:北京师范大学出版社,2022:3.

探究式教学强调要以学生为主体,但这并不意味着教师要放弃指导。从学生原生态的发现活动到较严谨的探究性实验设计与操作,都离不开教师的精心指导。为了保证指导的适时有效,教师要对学生在探究中出现的问题保持高度的敏感,必要时给予适当的指导。指导要富于启发性,最好是在教师的提示下学生自己发现问题所在。

3. 丰富学习方式。科学教师应尽可能掌握多种科学教学方法和策略。要多采用能激发学生兴趣、符合学生认知发展规律,以及能充分调动学生积极性的教学方法和教学策略,使学生愿意主动学习。科学游戏、模型制作、现场考察、科学辩论会等,都是科学学习的有效方式。

(二)"童融课堂"的评价要求

1. 学习评价必须以国家素质教育方针为指导,以有关基础教育课程改革理念为引领,以校本标准为基本依据来进行。

2. 学习评价必须做到主体多元、方式多样。不仅有以教师为主体的测评,还要有学生的自我测评、相互测评,以及家长对学生的测评。不仅要有总结性的测评,更需要有过程性的测评;不仅要有量的测评,还要有质的测评;不仅要有纸笔形式的测评,还要有以活动、实验、项目报告等多种方式进行的测评。各种形式的测评相互补充,才能较为全面地评估学生的学习质量和学业水平。

3. 学习评价必须覆盖校本标准规定的各个方面的目标要求,对学生的科学素养进行综合评价。(见表7-4)

表7-4 广州科学城实验小学"童融课堂"教学评价表

授课教师		上课时间		班级		评课教师	
课题							
类别	指标	优 完全达到 100分—88分	良 基本达到 87分—75分	合格 部分达到 74分—60分	不合格 少量达到 或未达到
课堂目标	多元 (20分)	1. 体现学科特点,切合学生接受能力,深浅适度,容量适中,针对性强,可达成度高。 2. 突出科学探究目标,注重培养学生动手、动脑、观察、实验等能力。			

续 表

类别	指标	优 完全达到 100分—88分	良 基本达到 87分—75分	合格 部分达到 74分—60分	不合格 少量达到 或未达到
		3. 面向全体学生,体现分层次教学思想,对不同层次的学生有不同的要求。			
教学内容	丰富 (20分)	1. 内容正确,容量适中,由浅入深。 2. 创造性地处理使用教材,引入的教学辅助材料恰到好处。			
教学环节	顺畅 (20分)	1. 教学环节紧凑,组织协调顺畅,问题与探究时间充足,学生思维活跃清晰。 2. 活动与过程符合学生的认知规律和知识的形成规律。 3. 既关注学生新的学习与感悟,又关注学生的实践应用的习得与成长。 4. 满足不同学生的发展需要,有利于目标的达成。			
教学过程	趣味 (20分)	1. 设置的情境有利于唤起学生的生活经验,有利于学生主动开展科学探究活动。 2. 提供丰富的资源,满足学生多样化学习与探究和思考的需求;教学手段符合教学实际和需求;有效利用课堂生成资源。 3. 科学恰当地组织学生开展独立探究、小组合作与交流等活动,引导与指导到位。			
学习方式	灵活 (20分)	学习方式灵活,形式多样,体现新的教学理念。通过学生的自主学习、合作、展示、交流、探究等活动主动获取知识,习得方法,形成技能。			
综合评价		精彩之处		可改进之处	

二、开启"童融探究",开拓师生视野

科学与我们的生活息息相关,带领学生走出校园到科普基地、科普场馆、高新企业去进行研学活动,可以让学生获取新的科学知识,打开他们的视野。

(一)"童融探究"的要义与操作

实践活动是课堂、校内教学的延续,其核心是把掌握的知识应用到生活当中,广泛

接触与生活息息相关的物理、化学、生物现象和科学技术产品,提升学生的应用能力。

1. 依托市科技夏令营系列活动、区少年宫的"宫校合作"项目以及和科学城高科技企业的科普实践基地进行。

2. 安排适龄学生参加相应的科普实践活动,并定下每一次活动的主题,切实做到有主题、有方案、有记录、有思考、有收获。常规活动如下:3至6月组织全校学生参观科普基地;5至7月组织全校学生参加科普日活动;7月组织四至六年级学生参加科技夏令营;11月至次年1月组织师生参加广场天文观测活动。

(二)"童融探究"的评价要求

"童融探究"有利于促进学生书本知识和生活经验的深度融合,践行学思结合、知行合一理念,有利于探索科学课程的多元化教学方式,开拓学生视野。在实施过程中,学生应学会合作、交流与分享,以及体验与他人、与社会的关系,锻炼良好的思想品格,培养责任感、沟通能力、合作精神及诚信态度。(见表7-5)

表7-5 广州科学城实验小学"童融探究"评价要求

项目	要求	分值	备注
组织建设	活动有完善、高效的组织机构	10	
管理体制	1. 外出活动有方案、有申请,学校有批复,经费有备案。	10	
	2. 外出活动有辅导老师和热心于为学生提供服务的义工。	10	
	3. 外出活动有应急预案,最大限度保障参与活动人员的人身和财产安全。	10	
活动开展	1. 老师精心选择研学地点,细致策划活动的开展。	10	
	2. 依据方案开展活动,有详细的活动内容、记录、图片、签到表等。	20	
	3. 活动具有创新性,能满足学生的兴趣发展需求,能重视发展学生的个性特长,重视培养学生的实践能力,深受学生喜爱。	20	
	4. 活动开展完后有展示活动。	10	
备注			

三、依托"童融科技节",提供师生发挥的平台

通过组织丰富多彩的科技教育和科普活动,进一步激发师生们爱科学、讲科学、用科学的热情,培养学生的科学精神,从而推进学校素质教育的深入开展,促进学生科学素养、科技创新的全面提升。

(一)"童融科技节"的要义与操作

"童融科学"教育模式强调综合素养的培养,注重不同学科之间的跨学科融合及对孩子的动手能力和解决问题的能力的培养。而"童融科学"课程更包含了人文精神、艺术素养等多学科的无限拓展。"童融科技节"能开拓孩子们的视野,提高他们对问题的探索能力,增强学校师生积极主动地运用多学科知识解决实际问题的能力,让孩子们在浓厚的科学氛围中尽情享受科学技术带来的乐趣,真正体现寓教于乐的精神。

"童融科技节"活动根据各年级学生的年龄特征进行设计和实施:一年级以科普知识为主,活动有科普知识讲座、知识竞赛等;二年级以班级为单位组织科学主题探究活动;三年级组织师生进行野外植物观察技能学习活动;四年级组织航空模型竞赛活动及野外观察技能竞赛(观鸟)活动;五年级组织环保摄影评比活动和天文知识竞赛;六年级组织学生参加各级无线电测向教育竞赛活动。

(二)"童融科技节"的评价要求

评价主体可以是教师或教师小组,也可以是学生或学生小组,还可以是家长或街道、社区等。既要对活动的效果进行评价,如学生参与活动的态度、获得体验的情况、方法技能掌握情况、创新精神和实践能力的发展情况等,还需对活动多种多样的成果(模型、作品、探究活动成果、设计等)进行评价。评价方式采取分管领导评价、部门负责人评价、教师评价、学生评价相结合的方式。"童融科技节"评价标准见表7-6:

表 7-6 广州科学城实验小学"童融科技节"评价标准

小组人员		评价教师	
课题		班级	
项目	评价标准		评价
活动内容 30 分	难易适度,符合学生的年龄特征		
	有趣味性,能够提高学生的兴趣		
	有神秘性,能够激发学生的好奇心		
	贴合生活实际,能够提高学生解决问题的实践能力		
活动形式 20 分	形式要生动活泼,把学生引入求知的活动中		
	班班结合,科学知识与社交能力共同增长		
	家校结合,多方面开发资源		
	参与到社会生活活动中,提升多方面能力		
活动过程 30 分	学生参与积极,主体作用发挥好		
	各种能力增长循序渐进		
	教师管理有方,学生活动有序		
活动效果 20 分	学生兴趣得到培养,个性特长得到发展		
	拓展了学生的思维空间,培养了学生的创新意识		
综合评价			
精彩之处:		问题及建议:	

四、创设"童融社团",发展科学学习兴趣

"童融社团"给学生搭建了一个展示自己的平台,满足他们对科学知识的高度热情,激发学生与科学之间的浓厚感情,在不知不觉中将学生引入奇妙的科学世界。

(一)"童融社团"的要义与操作

"童融社团"在抓住课堂教学主渠道的同时,围绕相关科学问题,加强教师引领,以学生自愿参加以及教师选拔的形式组建学生科学社团,开展课外探究活动,使学生的

科学学习活动由课堂教学延伸到课外实践,提升学生科学素质。

"童融社团"课程介绍:

一至二年级:

乐高积木:积木搭建基础启蒙班。

乐高机器人:学习图形类编程,搭建会做指定行动的机器人。

三至四年级:

植物:掌握野外观察(植物)技能,组建学校野外观察技能竞赛队。

观鸟:掌握野外观察(鸟类)技能,组建学校野外观察技能竞赛队。

五至六年级:

无线电测向:了解测向运动,掌握基本技法,组建学校无线电测向竞赛队。

天文:掌握天文基础学知识,定期组织观星活动。

(二)"童融社团"评价要求

"童融社团"活动能激发学生学习科学的兴趣,开拓视野,凸显个性。正确认识社团评价机制的作用,建立社团评价机制并常态化运行,努力发挥其积极和独特的作用,以更优的标准促进社团本身的健康发展,这也将促进校园文化建设,使学校得到更好的发展,还能更好地提升办学品位,提高教育教学质量(见表7-7):

表7-7 广州科学城实验小学"童融社团"的评价标准

社团名称	评价内容	评定等级
××社团	1. 组织建设	
	2. 活动目标和计划	
	3. 学生活动	
	4. 指导教师表现	
	5. 活动成效	
	6. 活动记录记载和资料保存方面	

总之,"童融科学"课程的设立充分考虑了时代的特点、学生的需求,适应学生不同性格发展的需要,充分发挥学生的自主性;充分调动教师参与课程开发和实施的积极

后 记

经过两年的努力,学校课程建设成果《协商性变革:基于集体审议的课程变革》一书即将完稿,这是我校推进课程改革结出的又一个硕果。我们希望,学科课程建设能够进一步丰富孩子们的校园生活,让孩子们的童年时代更加丰富多彩,使他们成长为举止文雅、乐学善思、兴趣广泛、健康自信的少年,学会健康地生活、智慧地生活、高雅地生活。

感谢上海教育科学研究院杨四耕老师对我校学科课程建设的悉心指导。杨老师多次深入我校,对我校的学科课程建设方案进行论证,对如何建设学科课程群进行指导,甚至亲自修改相关方案。对于学科课程建设中遇到的困难,杨老师也及时给予了帮助。

感谢课程建设团队的辛勤付出。两年来,团队同事克服诸多困难,积极探索,认真研讨,精益求精,以一丝不苟的工作态度认真完成了各学科的课程建设方案。

书稿的付梓,是为了总结学校课程建设成果,也是为了更好地求教于名师大家,方便有志于此的同行一起讨论、探索。同时,也标志着我校课程建设站在了一个新的起点。路漫漫其修远兮,吾将上下而求索。

徐德兵
2022 年 1 月

性,提高教师的专业水平和课程意识;对实施国家课程和地方课程也有促进作用,在确保国家教育整体质量的基本前提下,有利于开发更多有特色的课程,满足学校"个性化"发展需求,凸显学校办学特色。

(撰稿者:戴冬宁)